L'enseignant et l'évaluation

Des gestes évaluatifs en question

PRATIQUES
PÉDAGOGIQUES

Collection dirigée par Jean-Marie DE KETELE et Antoine ROOSEN.

Tous ceux qui, déjà dotés d'une bonne formation théorique, sont amenés à travailler sur le terrain : formateurs, formateurs de formateurs, chercheurs dans l'action, décideurs, … vont trouver ici des ouvrages qui ne décrivent pas seulement de nouvelles pratiques ou de nouveaux outils, mais qui en exposent aussi les fondements.

Anne Jorro

PRATIQUES PÉDAGOGIQUES

L'enseignant et l'évaluation

Des gestes évaluatifs en question

de boeck

Éditions De Boeck Université
Rue des Minimes 39, B-1000 Bruxelles

1re édition
3e tirage 2006

Imprimé en Belgique

Dépôt légal 2000/0074/185

ISSN 0778-0451
ISBN 2-8041-3486-5

PRÉFACE

Il arrive à l'éducation de se pencher sur son langage. Rarement, il est vrai. Encore plus rares sont les spécialistes de l'évaluation qui aient pris en compte le langage même de l'évaluation. C'est dire la valeur et l'intérêt de la posture d'Anne Jorro dans cet ouvrage.

On sent chez elle tout un enracinement (de praticienne et de formatrice) qui alimente son interrogation et sa réflexion (de chercheuse). C'est bien pourquoi ce qu'elle élabore fait écho chez ses lecteurs, quels qu'ils soient. Pain quotidien de l'action éducative, l'évaluation est devenue plus qu'une question majeure : c'est une question qui déborde. Il est grand temps de confronter, dans le domaine, l'hyperinflation au questionnement, la technologie à l'anthropologie.

C'est dans ce dernier contexte qu'Anne Jorro retient la notion de geste. Artisanat et art, le geste est porté par l'imaginaire : il relie la posture, l'intention, le sens et la technique. Il ne suffit pas de dire qu'en éducation, on connaît la chanson... de geste. Il ne suffit pas, pour éduquer, de se laisser murmurer : « entrez dans la danse, voyez comme on danse... ». La gestuelle pédagogique, tant pratique que symbolique, incarne les enjeux de l'éducation.

Avec un souci pédagogique permanent (schémas, exemples, fiches d'action), cet ouvrage présente et analyse des pratiques ; c'est bien un instrument d'action, d'intention et de réflexion qui permet de recadrer discours et dispositifs. Il remet en perspective finalisée les différents instruments et moments de l'évaluation en classe, et ce, à travers ces gestes qui trouvent sens ou non entre eux. On sent, en la lisant, qu'Anne Jorro a organisé son « monde pédagogique » à travers des images et des cohérences de gestes. Ce monde, elle nous le propose comme principe de lecture du fonctionnement pédagogique : elle nous sert de passeur, d'accompagnatrice.

Est-ce à dire qu'elle se contente de nous fournir une grille de lecture ? Non, elle fait des choix, elle s'engage. Critique, elle ne se veut pas dénonciatrice, car elle reste positive, appuyée sur l'évolution des pratiques, gardienne du souci pédagogique de tous. Elle contribue à nous faire passer d'une évaluation qui absorbe l'acte pédagogique à une évaluation intégrée à et au service de l'acte d'apprentissage. La complexité et l'incertitude de l'évaluation redeviennent dépendantes de la complexité et de l'incertitude de l'apprentissage. Comment favoriser une attitude ouverte en évaluation ? Sans doute en se représentant l'éducateur comme un accompagnateur, comme restant à la marge, comme déployant une posture d'aide, de confiance, d'encouragement, comme celui qui conduit l'enfant en restant à ses côtés et sans pouvoir ni vouloir tracer la route à sa place.

Gestuelle donc. Gestuelle qui appelle une pédagogie de la compréhension et favorise la pratique de la logique du flou. Gestuelle encore. Gestuelle de la cohérence des actes pédagogiques, de ces logiques pédagogiques différentes qui nécessitent que l'on fasse un choix. Gestuelle aussi. Gestuelle de la langue qui m'amène à vous laisser aller à la rencontre de l'élève arpenteur ou coryphée, du praticien automate, du pisteur-talonneur…

Jean Houssaye
Sciences de l'Éducation
Université de Rouen

à Joseph

… le geste est un composé de mémoire et de projet…
le geste fait sens, est sens.

… tout geste est ensemble foncièrement physique
et éminemment métaphysique.

Michel Guérin, 1995.

REMERCIEMENTS

Ce travail n'aurait pas vu le jour sans l'intérêt et les encouragements de Jean Houssaye.

Je dois à Jean-Jacques Bonniol et à Michèle Genthon la découverte de démarches évaluatives plus souples, plus démocratiques impliquant l'élève dans ses apprentissages et, plus précisément, dans le processus d'évaluation.

J'exprimerai également une dette à l'égard du terrain de la formation. En tant que formatrice à la Mission Académique de Formation des Personnels de l'Éducation Nationale dans l'Académie d'Aix-Marseille et en collaboration avec le groupe évaluation conduit par Anne-Marie Deruaz, j'ai été confrontée — parfois de manière critique — aux résistances des enseignants. Ainsi, les pratiques évaluatives comme gestes intentionnels, qui traduisent les conceptions sinon les valeurs des praticiens, ont constitué la pierre de touche de ma réflexion et de mes actions.

J'évoquerai aussi les « collaborateurs invisibles » qui, par leurs écrits, ont nourri mes réflexions et habité mes pratiques.

Enfin, à l'Université de Rouen, les étudiants, par leurs questions, m'alertent sur la difficulté d'une telle pratique. Leurs précieuses remarques constituent un aiguillon pour le formateur et pour le chercheur.

SOMMAIRE

INTRODUCTION

Les pratiques évaluatives : des intentions et des gestes

La présentation des pratiques évaluatives en cours à l'école, comme gestes concrets et symboliques, constitue le dessein de ce livre. Loin de figurer comme une simple technique, l'évaluation renvoie à un ensemble de valeurs, de croyances, de goûts, de convictions qui se concrétisent dans les gestes de l'enseignant-évaluateur. Plus encore, les gestes de l'évaluation caractérisent les interactions entre l'enseignant et les élèves autorisés ou pas à développer une certaine autonomie de pensée, sollicités ou pas à déployer un esprit d'investigation. C'est dire que l'enseignant, dans ses choix pédagogiques, peut décider de mettre en évidence une volonté de partage des règles du jeu scolaire avec les élèves, manifester, par ailleurs, une volonté de promotion de la performance, ou bien encore appréhender l'erreur avec souplesse. C'est dire aussi qu'il peut délibérément viser l'émancipation de l'apprenant en l'incitant à prendre de l'initiative et à déployer une activité autoévaluative. Par ces possibles, ici à peine évoqués, **l'intention du professionnel apparaît prépondérante dans les pratiques d'évaluation** :

- assumera-t-il de relier évaluation et apprentissage ou choisira-t-il de les scinder et de maintenir l'évaluation comme un acte terminal ?
- conviendra-t-il de l'importance de l'interaction avec la classe dans les modalités évaluatives qu'il met en œuvre ?
- impliquera-t-il l'apprenant dans le procesus d'évaluation ?
- suscitera-t-il des pratiques autoévaluatives en classe ?

Dans chaque situation, les démarches évaluatives relèvent d'actes concrets et de scénarios éducatifs. La présentation des gestes de l'évaluation, dans cette tension symbolique et opératoire, s'organise autour de trois pôles :

1. celui des postures de l'enseignant-évaluateur,
2. celui des imaginaires qui impulsent au quotidien l'acte évaluatif,
3. celui des pratiques en cours à l'école.

Une première partie aborde le rapport que l'enseignant tisse avec l'évaluation sous l'angle des postures d'évaluateur et interroge les différentes interprétations élaborées autour des productions scolaires. Se posent alors les questions de réception des productions des élèves, d'accueil des parcours différenciés, d'accompagnement des processus d'appropriation des savoirs de référence. Dans cette perspective, quatre postures d'enseignant-évaluateur sont approfondies, qui renvoient à autant de conceptions de l'évaluation et qui situent l'enseignant-évaluateur sous les différentes bannières de l'autorité, de l'encouragement, du conseil, de la compréhension du rapport au savoir de l'apprenant.

Une deuxième partie s'attache à mettre en évidence les imaginaires qui fondent les pratiques évaluatives. Je distingue quatre imaginaires — métissés par des démarches et des propositions scientifiques, avec les idéologies, les actes, les mentalités les accompagnant — qui génèrent des manières de faire. Chaque imaginaire propulse le praticien dans des situations évaluatives où idées, valeurs, discours en circulation se concrétisent en gestes professionnels. La part idéelle du geste est posée. L'évaluation comme geste apparaît bien comme une démarche intentionnelle, irréductible pour le praticien, démarche qui le met en situation de communiquer avec ses élèves, avec les parents, avec les partenaires éducatifs.

La troisième partie présente les usages scolaires de l'évaluation et témoigne tout autant des ouvertures suscitées par l'évaluation que des difficultés que soulève sa mise en œuvre. Les démarches d'évaluation sont reliées et distinguées des démarches de contrôle, reconnues dans leur utilité et relativisées dans leur fiabilité. Par ailleurs, les manières de communiquer de l'enseignant à partir des différentes productions scolaires qu'il annote, sont discutées et servent de fil conducteur pour envisager d'autres formes évaluatives, et notamment, pour penser l'approche évaluative des élèves dits en difficulté.

L'intention de l'auteur est de souligner que l'évaluation n'est pas un acte supplémentaire dans l'écologie de la classe. Les gestes évaluatifs, indissociables de ceux de l'éducation ou de la formation, incitent le praticien à réfléchir sur la portée de ses actes et à envisager le type d'interaction qu'il favorise en classe. Les gestes de l'évaluation sont-ils confinés dans un espace fermé, celui de la « suture pédagogique », ou régulés par les attitudes investigatrices des élèves ?

Avec la question des gestes évaluatifs, on comprendra que l'enseignant (ou le formateur) est au centre de transactions complexes lorsqu'il évalue. Son identité professionnelle n'échappe pas aux dilemmes de l'évaluateur. Des questions récurrentes nourrissent sa pratique :

- celles qui tendent vers la distinction entre évaluer et juger ;
- celles qui portent sur l'accompagnement de l'apprenant dans ses processus de régulation ;
- celles qui visent à assurer l'équité ;
- celles qui interrogent la justesse de l'appréciation lors des conseils de classe ou lors de la rédaction des bulletins et autres carnets scolaires ;
- celles qui relèvent de la nécessaire articulation entre l'exigence irréductible que l'institution scolaire énonce au nom des enseignements dispensés en son sein et la tolérance accordée par l'enseignant-évaluateur en fonction des seuils de réussite fixés ;
- celles qui jouent une rôle d'aiguillon auprès de l'enseignant-évaluateur qui voudrait porter un regard critique sur ses habitus d'évaluateur et, notamment, qui tenterait de déceler la part d'autorité qu'il affiche dans les nombreux contrôles qu'il pratique ou la part de conseil qu'il instaure lors de démarches évaluatives plus souples, plus proches des processus d'apprentissage des apprenants.

À coup sûr, l'enseignant pourrait établir son style d'évaluateur, et entrevoir que le style normatif vers lequel il penche n'est pas le seul. En se posant la question de l'ouvertrure de ce style, il pourrait saisir l'existence d' autres manières d'agir. De même, il pourrait s'inquiéter de l'absence de contrôles dans son activité pédagogique. Autant de vigilances qui impliquent de sa part une réflexion continue sur les modalités d'apprentissage, sur les postures adoptées en classe ou en formation. D'où l'importance accordée aux intentions, aux choix pédagogiques et / ou didactiques à partir desquels les gestes de l'évaluation prennent sens.

Dès lors, ne nous faut-il pas assumer que la dimension symbolique des gestes habite les pratiques évaluatives au quotidien ?

PARCOURS DE LECTURE

CHOISIR UNE ENTRÉE

- Si le lecteur recherche un éclairage sur les actes de l'évaluateur, il choisira la première partie.
- Si le lecteur souhaite approfondir sa réflexion sur les scénarios de l'évaluation, il optera pour la deuxième partie.
- Si le lecteur désire se situer par rapport aux différentes pratiques de l'évaluation, il pourra commencer par la troisième partie.

DÉCIDER D'UN FIL CONDUCTEUR

- La partie « Pratiques en question » (partie 3) renvoie aux postures de l'enseignant-évaluateur (partie 1). La lecture suivie de ces deux parties peut constituer un ensemble.
- Chaque imaginaire présenté en deuxième partie peut être lu séparément et suivi d'une lecture sélective en première et deuxième partie.

EXEMPLES :

- L'imaginaire de la maîtrise s'accommode en troisième partie des éclairages portant sur les pratiques d'annotations, il peut être complété par la lecture sur la conception de l'erreur et étayé par la posture du pisteur-talonneur.
- L'imaginaire de la compréhension renvoie, en première partie, vers l'erreur et les agencements inventifs ainsi que vers la posture du consultant.

PREMIÈRE PARTIE

LES POSTURES DE L'ENSEIGNANT-ÉVALUATEUR

PRÉAMBULE

- Quels rapports entretient l'enseignant avec l'évaluation ?
- Comment accueille-t-il l'erreur en classe ?
- Quelles postures d'évaluateur met-il le plus souvent en jeu ?
- Comment articule-t-il ce processus avec ses gestes professionnels ?

Ces questions suggèrent une lecture des systèmes de valeurs et des conceptions pédagogiques qui interfèrent dans la pratique quotidienne lorsque l'enseignant « fait classe ». Ce questionnement tend alors à souligner l'importance de l'articulation des gestes professionnels : la mise en scène des savoirs scolaires ne peut être coupée de l'interprétation des productions scolaires et de la régulation des apprentissages. Parler d'articulation revient à décrire une forme de polyvalence professionnelle et à réfléchir aux actes de l'enseignant-évaluateur tels que les gestes d'autorité, d'encouragement, de conseil, ou encore de compréhension. C'est dire que dans les moindres gestes résident des visions du monde scolaire, des conceptions de la professionnalité mais aussi, un rapport à la classe, un rapport particulier à l'évaluation et à l'erreur. C'est également un rapport à la régulation de l'action qui s'instaure et qui rend les élèves plus ou moins autonomes, plus ou moins captifs, plus ou moins investigateurs.

Puisque, selon Michel Guérin (1995), « le geste se coule dans la posture comme l'outil s'inscrit dans la main », **les gestes évaluatifs traduisent les manières d'accueillir les productions scolaires et de concevoir les postures d'évaluateur**. Les intentions pédagogiques qui animent les gestes de l'évaluateur fondent des possibilités d'actions sensiblement différentes pour l'apprenant.

Considérons tout d'abord les différentes interprétations de la production scolaire avant de proposer plusieurs figures identificatoires de l'enseignant-évaluateur.

CHAPITRE

1

Les interprétations de la production scolaire

Faute, erreur, agencements inventifs renvoient vers trois manières d'accueillir la production scolaire. Si la faute dépend d'une conception morale, l'erreur, quant à elle, surgit du discours scientifico-didactique marqué par la pensée de Bachelard, discours que nuance l'idée de résistance dans les processus de changement. Une troisième voie, en marge des deux précédentes, prend le parti de décrire les agencements inventifs qui traduisent la débrouillardise de l'apprenant.

1

L'OFFENSE SCOLAIRE : LA FAUTE

Les résonances morales de la faute nous plongent dans les profondeurs d'une culture théologico-juridique ayant marqué les mentalités de l'autorité du pouvoir temporel et du pouvoir législatif. La faute était alors un manquement grave, voire un péché appelant un châtiment exemplaire que fournissait alors un pénitenciel. Considérée comme crime délictueux dans un prononcé de jugement, qui prenait forme de verdict sans appel, la faute était suivie de mesures répressives.

Cet héritage plutôt sombre, pesant et négatif, consacre les mouvements de l'élève lorsque le travail scolaire est imprégné de morale, des valeurs du bien faire, de la perfection, de la recherche de l'idéal. Cette autorité morale persiste si l'on considère la production de l'élève comme déviante, lacunaire et / ou défaillante. Dans cet esprit, le savoir repose sur le socle de la toute-puissance du savoir absolu. L'élève se soumet ou se démet, telle est l'alternative scolaire. Du coup, proposer une réponse qui sera interprétée comme une faute c'est être coupable devant « le texte du savoir » et défier le tribunal de la raison. Une conception aussi assujetissante fait de l'élève un captif.

Houssaye (1996) évoque la prégnance d'objectifs de soumission cachés derrière l'apparence des référentiels didactiques.

> « Passer par l'école, c'est être marqué durablement dans sa personnalité, au moins par trois choses : le fait de vivre constamment en collectivité… le fait d'être constamment en situation d'évaluation, susceptible d'être loué ou critiqué ; le fait d'être toujours soumis au pouvoir de l'adulte. Or, par quoi tout cela passe-t-il, sinon par l'autorité ? Ce qui signe la primauté de ce curriculum moral caché sur le curriculum officiel (programmes et activités délibérément organisées), c'est que, bien souvent à l'école les qualités de soumission et de patience sont plus recherchées et récompensées que les qualités de curiosité et d'efficacité intellectuelle. » (pp. 25-26).

Cette volonté disciplinaire qui correspond au sens premier des disciplines scolaires (Chervel, 1988) expliquerait le discours culpabilisateur de la faute. Et la survalorisation du savoir irait de pair avec la reconnaissance du remarquable, de l'exceptionnel qui culmine lors des rituels de remise de prix. Dans un tel système, l'existence scolaire concerne alors des élèves modèles.

Des associations immédiates viennent à l'esprit qui traduisent les idées de sanction, de jugement moral, d'échec…

Sans tomber dans les extrêmes ici notés, l'enseignant peut renvoyer une image culpabilisante à l'élève. Néanmoins, la faute s'allège jusqu'à désigner la faute de dictée avec moins de dramatisation. Il est cependant étrange que, malgré la prégnance du discours de l'erreur, persiste toujours cet énoncé symbolique. Si la confusion terminologique demeure,

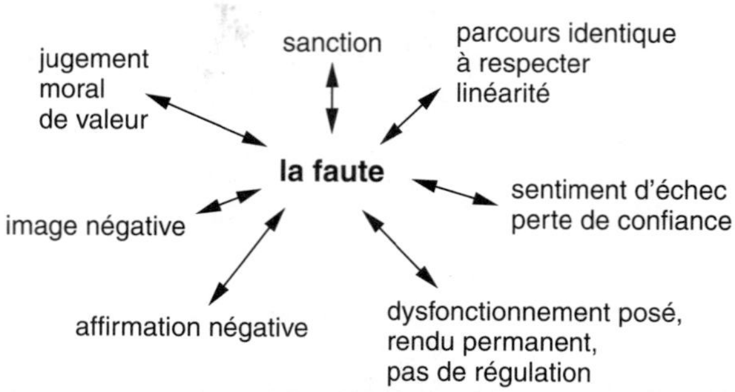

FIGURE 1
Les représentations de la faute

c'est, peut-être, qu'elle révèle une différenciation non assumée dans les discours du praticien. Mais, cette ambivalence du message est gênante pour l'élève qui n'identifiera pas ce qui, dans son travail, provoque le blâme ou apparaît aux yeux du correcteur comme une erreur.

2

RÉDEMPTION PAR L'ERREUR

Avec l'erreur, apparaît une certaine déculpabilisation. Le discours scientifico-didactique, qui substitue l'erreur à l'idée de faute, offre une prise de distance par rapport aux productions des élèves.

Les travaux de Bachelard (1971) ont contribué largement à ce changement de conception. Parce qu'il caractérise la démarche scientifique comme une « rupture nécessaire » avec la connaissance commune, il s'ensuit que c'est contre l'empirisme de nos connaissances que la connaissance scientifique se construit. Le philosophe désamorce l'idée même de faute lorsqu'il affirme que l'erreur est consubstantielle à l'acte de connaître : « c'est dans l'acte même de connaître, intimement, qu'apparaissent, par une sorte de nécessité fonctionnelle des lenteurs et des troubles. »

L'erreur ainsi présentée pourrait susciter de nouvelles pratiques de réception. Ces dernières se sont développées avec les démarches didactiques autour des représentations des élèves, souvent caractérisées de naïves ou de spontanées. De même, les stratégies d'évaluation formative ont cherché à mettre en évidence les représentations que se faisaient les élèves de la tâche à effectuer. Il reste cependant que l'erreur recouvre deux conceptions :

- la première, bien que différente des pratiques qui consacraient la faute, tend vers une approche symptomatique de l'erreur. Remèdes et stratégies « curatives » sont alors mobilisés par le praticien ;
- la seconde réfute le traitement généraliste de l'erreur pour tenir compte des conditions singulières de sa production et, ce faisant, parce qu'elle met à jour la logique de l'apprenant, devient formative pour l'élève.

3

CONCEPTION SYMPTOMATIQUE DE L'ERREUR

Qui dit symptôme, dit maladie. Cette affirmation provocante, il est vrai, n'est cependant pas gratuite. L'erreur est présentée comme une lacune, un déficit, un manque que l'enseignant est censé combler, « guérir », avec les remèdes dont il dispose. La remédiation tient le pari de doter l'élève de ce dont il est privé : parcours prévu et réorientation sur des exercices.

Finalement la conception symptomatique de l'erreur présuppose une cartographie des erreurs types prenant appui sur un principe nosographique (maladies répertoriées et décrites dans un tableau). Dans cette approche, la métaphore thérapeutique s'amplifie et il n'y a qu'un pas pour que l' enseignant figure comme un soigneur puisant dans sa pharmacopée didactique le traitement adéquat !

À la suite d'Abrecht (1991) et de Bonniol (1986), il semble difficile de cautionner les vertus curatives d'un parcours type et d'affirmer la pertinence du corrigé type. Certains enseignants fonctionnent ainsi en oubliant que la question centrale est de savoir ce que fait l'élève de tels modèles, comment il les comprend et comment il se les approprie. Il faut bien le reconnaître, le corrigé type n'est que la face cachée du cours magistral. Sans se défaire de la position frontale inhérente à sa diffusion, il confirme la suprématie du savoir de l'expert.

Si le praticien campe sur une conception symptomatique de l'erreur, il risque d'éluder un aspect essentiel : la tenacité d'une erreur ou plutôt sa récursivité. Cette persévérance aujourd'hui explicitée dans l'idée d'obstacle peut alerter le praticien. Comme Fabre (1995), Astolfi (1997) relève la polymorphie de l'obstacle : « l'obstacle ne doit pas être chosifié, mais il ne peut non plus être parfaitement délimité ni circonscrit. On ne saurait en faire le tour car ses adhérences sont souvent multiples » (p. 42).

Dès lors, l'approche symptomatique de l'erreur établit une suture entre l'activité type de rattrapage et les difficultés rencontrées par l'élève. Cette focalisation risque de provoquer au moins deux conséquences :

- des blocages chez l'élève qui est confronté radicalement à son échec ou à sa difficulté ;
- un leurre sur l'idée que l'entrée choisie est la voie qui lui convient.

Ainsi, il ne saurait être question d'installer une traque de l'erreur, ce que les pédagogues ont décrié (Houssaye, 1997), il incombe à l'enseignant-évaluateur de renoncer à la totalité. L'erreur totale qui s'inscrirait dans la chaîne erreur-cause-remédiation est un leurre.

L'approche symptomatique persiste sur le terrain scolaire parce que ce qui se joue en arrière-plan de la situation d'apprentissage, c'est la polarisation sur les savoirs de référence, indépendamment de la question de leur appropriation par l'apprenant. Un renversement de perspective impliquerait une lecture fine des processus d'apprentissage. Or, par rapport à ces considérations, l'approche symptomatique campe sur une position d'extériorité.

FICHE 1 **Conception symptomatique de l'erreur**

- L'erreur marque un écart à la norme
- L'erreur marque un arrêt dans la trajectoire de l'action
- L'erreur a une origine
- L'erreur est dépistée par l'enseignant
- L'erreur constitue un vide que l'enseignant comble lorsqu'il corrige, en personne, la copie
- La stratégie de remédiation est uniforme
- L'erreur est une erreur type appelant un corrigé type
- L' erreur porte sur une composante du savoir
- L'erreur peut être répertoriée dans une cartographie des erreurs

La lecture de ce tableau nous permet de penser que le système induit est trop fermé tant l'idée de perfectionnement consiste en une reprise d'exercices échoués. Il ne permet pas à l'élève de rejouer les compétences dans de nouveaux contextes. La mise en évidence de ces limites permet de basculer vers une autre conception de l'erreur.

4

CONCEPTION FORMATIVE DE L'ERREUR

L'erreur concerne les acteurs en présence dans la classe. Les représentations affichées par l'enseignant sont plus nuancées au point que le marquage de l'élève producteur de faute s'atténue. L'erreur n'est plus un vide mais un acte qui peut tenir du bricolage dans l'élaboration de la connaissance. La représentation spontanée, qui motive sa production, sera en quelque sorte interpellée en situation didactique. Toutefois, nous avons vu que la persistance des représentations spontanées, malgré la mise en œuvre de situations d'apprentissage, nous oblige à une certaine modestie. Le trop plein de sens qu'affiche l'erreur perdure quel que soit le dispositif didactique.

L'erreur est indissociable de son producteur et alerte sur le statut de son auteur. Parfois, la conception négative de l'erreur lance l'enseignant dans une activité de prédiction quant au cheminement à venir de l'élève, prédiction plutôt pessimiste. Sur cette tendance, Amo (1994) note que le marquage rend compte de l'attitude négative de l'enseignant envers le producteur de l'erreur, rétrécissant l'horizon de ses possibles, donnant à son itinéraire l'image d'une progresssion laborieuse qui gommerait toute idée d'échapée. Ce marquage a plus d'impact dans les disciplines d'autorité parce que les erreurs commises en mathématique et en français sont considérées comme les plus graves dans le processus de prédiction.

On notera que l'erreur est dite positive au sens où l'élève offre une production (Fabre, 1995). Si le concept d'erreur permet de comprendre que la logique de l'élève est différente de celle de la discipline et réoriente les activités de réception de l'enseignant, néanmoins, l'erreur se conçoit par rapport à l'idée de conformité au savoir. Elle marque l'écart au savoir en question. Toutefois, il reste à préciser que l'erreur peut être entendue aussi comme résistance de l'apprenant envers les processus de changement. Il n'y a pas de simultanéité dans l'apprentissage et l'apprenant offre sa part d'insondabilité en opposant des réponses qui sont autant de freins aux changements.

D'autre part, Stengers (1995) remarque que sont taxées d'erreurs les réponses qu'un élève donne dans des situations qui ne nécessitent pas une approche experte. Bien des « représentations pratiques » selon l'auteur, sont pertinentes dans le contexte de leur énonciation et ne peuvent être considérées comme des erreurs ou des représentations inadéquates, ce qui entretiendrait l'idée qu'elles sont défaillantes par rapport à des représentations expertes. Pointer l'erreur demande que l'on clarifie le contexte d'une réponse et, qu'avant de viser l'exactitude et la conformité au savoir, l'on s'inquiète de mettre en relation la réponse avec son contexte. Stengers éveille, en quelque sorte, la vigilance de l'enseignant quant aux remarques qu'il adresse à ses élèves.

Enfin, la réception de l'erreur appelle une interrogation du praticien sur la démarche qu'il a mise en œuvre. A-t-il organisé les conditions favorables à l'appropriation du savoir ? A-t-il donné assez de repères aux élèves pour réaliser la tâche ? N'est-il pas passé trop rapidement sur la négociation des critères ? A-t-il favorisé les interactions entre élèves ?...

Est-il porteur d'un projet pédagogique ?

Pour répondre à cette question, l'enseignant-évaluateur peut envisager les 7 points suivants :

1. Les visées du projet sont-elles fédératrices pour ses élèves ? Ont-ils participé à son élaboration, ont-ils discuté de ses aménagements ? Autrement dit, le processus de contextualisation est-il amorcé de telle sorte que les élèves gagnent en autonomie ?
2. Ses valeurs sont-elles en lien avec la situation de classe, avec l'esprit communautaire ? Le projet est-il élaboré au moment opportun, lorsque les coutumes et les rites de travail sont installés ? Favorise-t-il des interactions susceptibles d'aider les élèves ?

3. A-t-il négocié le contexte d'énonciation ? Sait-on la finalité du projet et parallèlement quels en sont ses destinaires ? La contextualisation est-elle réellement opératoire pour l'ensemble de la classe ?
4. La formulation des questions est-elle explicite ? A-t-il réfléchi aux différentes demandes qu'il peut formuler ? Distingue-t-il les demandes de « libération de l'imaginaire de celles suscitant un jeu réglé ou de celles plus exploratoires ». Autant de distinctions proposées par Garcia-Debanc (1996) à propos de tâches d'écriture et qui pourraient être généralisées.
5. Fonctionne-t-il sur une logique experte ? Prévoit-il une modalité d'accompagnement différente ? Quelle tolérance conçoit-il pour les tâtonnements et les bricolages des élèves ? Exige-t-il une réponse canonique ou accepte-t-il des marges ? Dans ce cas, s'intéresse-t-il au résultat ou bien à la démarche ?
6. La tâche est-elle accessible à ses élèves ? Est-ce une tâche similaire, répétitive ? Une tâche nouvelle ? Une tâche complexe ?
7. A-t-il pensé à l'évaluation ? Aux régulations à promouvoir et sur quelles modalités ?

La conception formative de l'erreur appelle un double centration : point de focalisation unique sur l'élève mais réflexion de l'enseignant sur sa pratique. Schön (1996) défend l'idée d'une réflexion en action qui incite l'enseignant à pratiquer une analyse de sa pratique, en revenant sur des situations de réussite et des situations d'erreurs. Cette réflexion dans et sur l'action constitue non seulement un enjeu de professionnalisation mais aussi un regard nouveau porté sur l'action évaluative.

FICHE 2

Conception formative de l'erreur

- L'erreur est consubstantielle à l'acte de connaître
- L'erreur est un trop plein de connaissances
- L'erreur informe
- L'erreur dépend de la logique du sujet
- L'erreur est positive, elle est acte
- L'erreur est discriminée par la classe
- L' erreur est analysée
- L'erreur appelle une réflexion du praticien sur sa démarche
- L'erreur est liée au statut de son producteur
- L'erreur appelle une approche différenciée

5

DES AGENCEMENTS INVENTIFS À L'ERREUR CRÉATRICE

« Mais qu'as-tu inventé ? »

Cette remarque prononcée par les parents et les enseignants, de générations en générations, résonne encore de l'ironie ou de la surprise de celui qui s'adresse à l'auteur de l'acte. « Mais qu'as-tu inventé », l'expression traduit la part active, investigatrice de l'inventeur interpellé. Alors que faute et erreur traduisaient le point de vue de l'expert, ici, il y a renversement de perspective : évoquer les inventions de l'élève c'est tenter de suivre les agencements de l'auteur.

L'inventivité à l'école se déploie souvent par pensée divergente, bien plus valorisée en arts plastiques ou en expression corporelle, elle est plutôt regrettée dans les disciplines dites fondamentales. En effet, la résolution de problème requiert des capacités stratégiques qui relèvent de l'inventivité, toutefois, dépendante d'un cadre logique.

Les agencements inventifs, tout en affichant les capacités de l'élève bricoleur révèlent, a contrario la non transparence des processus de changement si bien que ses capacités d'anticipation, de bricolage le portent souvent en marge du savoir en question.

Une situation courante nous servira d'exemple. Elle se déroule en classe maternelle où le jeune enfant emploie dans le récit qu'il élabore un passé simple qui fait sourire : « il parta, il revena ». La réaction de l'enseignant est-elle polarisée sur l'erreur ou s'oriente-t-elle vers la reconnaissance d'une invention en action ? L'alternative, ici posée, risque parfois d'être éludée lorsque l'enseignant corrige sur le champ et reprend la parole de l'élève. En revanche, la marque d'une tolérance ne signifie aucunement de sa part aveuglement sur l'inexactitude de la forme initiale. En effet, sans être dupe, l'enseignant suit ces agencements qui indiquent des marques d'inventivité. Puisque l'élève ressent, très tôt, le besoin d'utiliser une forme verbale spécifique, pour raconter son histoire, il n'y a dans ce cas, ni faute, ni erreur mais une invention qui constitue pour l'élève un pas gagné dans l'acquisition à venir d'une compétence. Dans ce cas, l'enseignant de maternelle peut reconnaître ces formes, les accueillir, laisser l'élève dérouler son histoire. Cette invention en action si elle était corrigée stopperait le processus narratif. Aussi, l'inventivité renverse-t-elle l'image négative de l'imagination, laquelle restait sous-jacente dans la conception de l'erreur.

Comme l'élève manifeste une relation au bricolage, au braconnage (De Certeau, 1980), alors deux questions s'ensuivent :

- si l'erreur est liée à une approche rationnelle, quelle place accorde-t-on à l'imagination ?

- si l'erreur est pensée dans sa production finale, que fait-on du cheminement de l'élève, du processus en jeu ?

5.1 – Rapport logique et / ou relation à l'imagination

Penser l'erreur c'est penser par rapport à une totalité finie, par rapport à un produit et développer une logique de restauration en vue de réajuster, de consolider le savoir de l'élève. Or, cette logique trouve ses limites lorsque l'élève bricole des démarches qui contournent le cadre logique induit par le savoir. À la logique de restauration qui oriente les actes de l'expert, ne faudrait-il pas substituer une logique instaurative qui reconnaisse les fragments, les agencements inédits qui témoignent d'un rapport au savoir moins logique qu'imaginatif. Delamotte-Legrand (1995) met en évidence la notion illusoire de « tout » dans les attentes de l'adulte face aux narrations de jeunes enfants. Le spécifique (parlé par l'enfant) s'oppose au global (attendu par l'adulte), la partie au tout. Il reste encore à apprendre à considérer la partie comme suffisamment dense et porteuse de sens pour accepter de surseoir au désir de totalité.

Ainsi, lors d'une séance de lecture portant, sur la compréhension de textes documentaires, deux élèves de CE2, invités à anticiper du sens à partir du titre « le guépard », avancent des connaissances pertinentes et des éléments inexacts :

> « — Brahim : c'est un animal qui vit dans la forêt… qui s'amuse.
>
> — Nabila : le guépard c'est un animal qui vit dans la forêt et qui attaque des biches et des animaux…
>
> — Brahim : le guépard c'est comme un tigre.
>
> — Nabila : c'est comme un animal sauvage. »

Les échanges entre lecteurs permettent à Nabila de définir la catégorie « animal sauvage ». Si l'enseignant, poussé par le principe d'exactitude et de totalité, était intervenu, il aurait stoppé le processus de conceptualisation et orienté les lecteurs dans une autre direction. L'intervention de l'adulte est soumise à une vertu, celle de la patience ! Dans ce cas, l'enseignant entre dans une démarche d'accueil des bricolages, des improvisations d'une pensée qui ne fonctionne ni par relation hiérarchique, ni par catégorisation mais se déploie par associations hétérogènes. N'assisterait-on pas alors à une décentration de l'expert envers la perspective rationnelle qui institue une pensée conceptuelle, abstraite et une méthode d'investigation analytique ? La distance à prendre par l'enseignant résiderait dans la différence posée entre les exigences globales et la tolérance pour les réponses plus locales et singulières produites par les élèves.

Si le savoir se conçoit sous forme abstraite, paradigmatique, l'enseignant a tendance à réinjecter dans la classe cette approche rationnelle comme un allant de soi. Pour peu que l'élève ait une représentation du savoir divergente, marquant un écart à la norme, il sera perçu comme le producteur de l'erreur. La logique experte de l'enseignant pourrait faire obstacle à la réception des productions scolaires : aussi, l'enjeu est de pouvoir substituer à la démarche de mesure des écarts, l'accueil des cheminements d'une pensée. Question étudiée sous l'angle de l'apprentissage par Ausubel (1980) et Smith (1979) qui mettent en évidence l'abîme qui existe entre l'architecture conceptuelle propre aux savoirs déclaratifs face à la « théorie du monde dans la tête » du sujet. Parce qu'il est habité par une foule de questions, de croyances, d'idées multiples, la compréhension de l'élève dépend de référents hétérogènes. Il y aurait croisement entre une logique abstraite qui pointe l'erreur et une approche multilogique qui note les trouvailles, les bricolages.

L'approche abstraite fonctionne sur le schéma canonique des relations d'inclusion, d'emboîtement, des opérations logico-déductives. Elle renvoie l'enseignant soit vers la mesure des écarts soit vers une logique de remédiation, soit vers une logique formative. L'erreur informe donc sur le degré d'appropriation du savoir ciblé.

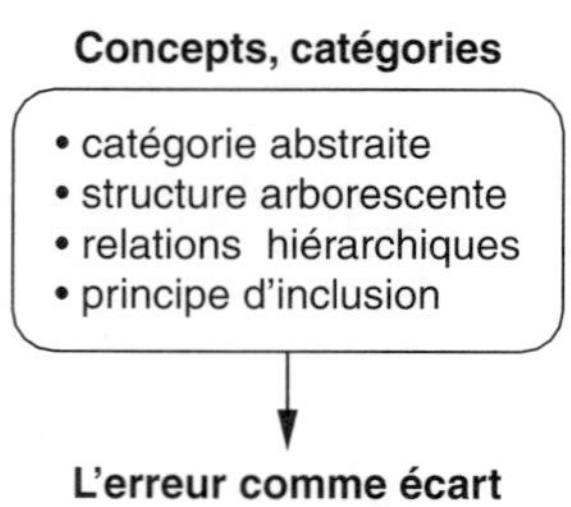

Cette démarche fonctionne dans une logique d'ensemble en accueillant des catégories, des exemplaires, elle tend à des hiérarchisations, implique le passage du syntagme vers le paradigme, c'est-à-dire des notions vers le concept, par opération de substituabilité. Il y a orientation vers une pensée conceptuelle prise dans des coordonnées logiques. L'erreur apparaît alors soit comme un écart symptôme révélé par le non-respect des critères d'exactitude et de complétude, soit comme un différend.

L'approche multilogique reconnaît la « théorie du monde dans la tête » de l'apprenant qui travaille à des agencements, à des recompositions, à des combinaisons nouvelles pour lui. Rodari (1997) présente l'importance de l'erreur créatrice en soulignant que « bien des prétendues erreurs des enfants sont tout autre chose : ce sont des créations personnelles dont ils se servent pour assimiler une réalité inconnue ». (p. 50) Ainsi, l'erreur créatrice ouvre l'univers des connaissances de l'enfant et suscite alors un espace d'investigation. À l'école, dans des tâches de compréhension de texte, les élèves développent des liens hétérogènes, par agencements d'idées, de notions, de métaphores, rarement de concepts (Jorro, 1994). Les liens tissés par ces lecteurs s'envisagent plus en terme de réseau, plus en terme d'expansion analogique (« c'est comme »). Alors, les idées se greffent les unes aux autres.

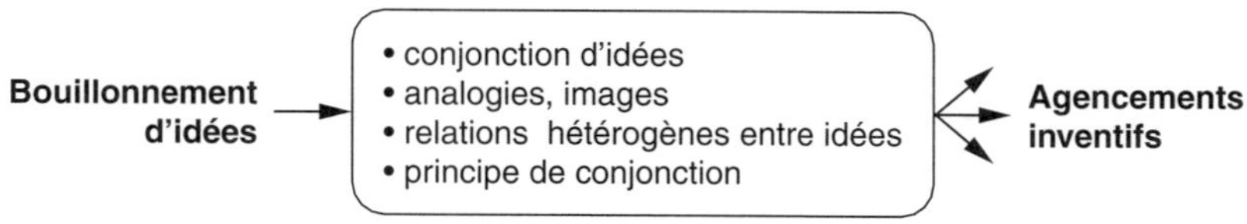

Avec la circulation des idées, les liens sont d'un tout autre ordre : pas d'emboîtement, pas de catégorisation, plutôt des agencements, des multiplicités selon les mots de Deleuze et Guattari (1981). Du point de vue évaluatif, Gélinas (1984) propose une démarche multirationnelle de la part de l'évaluateur. Aussi, peut-on distinguer sans les opposer deux démarches l'une descendante, paradigmatique orientée par une logique conceptuelle, l'autre oblique, cheminant par ajout d'idées. Bruner (1996) ne dit-il pas que « tout domaine de savoir peut être construit à différents niveaux de complexité et d'abstraction » (p. 150) ?

5.2 – Focalisation sur le résultat ou mise en évidence du processus ?

Lorsque l'enseignant entend une réponse inédite, il développe **une écoute proche d'une phénoménologie du point de vue** et s'intéresse à la genèse des actions. Il peut alors se poser les questions suivantes :

- d'où est parti l'élève ?
- comment a-t-il procédé ?
- qu'a-t-il fait pour construire cette proposition ou pour s'engager dans cette démarche ?

Son intervention est double : dans un premier temps, il se focalise sur les démarches de l'élève avant de se centrer sur la production finale, dans un second temps. La compréhension du cheminement de l'apprenant importe tout autant que la découverte de l'erreur.

Si la conception de l'erreur permet de mettre en œuvre des situations de régulation par le moyen de l'évaluation formative, elle ne peut niveler les tentatives des élèves, passer sur leurs inventions. Elle sera d'autant plus pertinente si l'enseignant reconnaît les agencements inventifs de l'élève et souligne la démarche anticipatrice et l'attitude créative de ce dernier. Gillet (1987) ne lance-t-il pas que le processus vaut bien le résultat ? Seulement, pour accepter de débattre de cette question, encore faut-il que l'enseignant revienne sur ses intentions d'évaluateur. Dès lors, en fonction de la posture adoptée, la réflexion qui précède accueille des arguments différents et oriente le praticien vers des démarches précises.

CHAPITRE

2

L'enseignant-évaluateur

L'enseignant-évaluateur, un terme barbare à l'école ! Est-ce à dire que le trait d'union entre les deux termes plaide en faveur de la polyvalence du praticien ? La réponse est d'autant plus évidente que le plus souvent, seuls les gestes d'enseignement retiennent l'attention des praticiens. Une part de la professionnalité reste cachée. En effet, la préoccupation pour les gestes de l'évaluation reste faiblement posée tant cette pratique est mal perçue. Ne lit-on pas sous la plume de certains auteurs que l'enseignant a délaissé sa fonction pour s'enrôler dans l'évaluation ! Ces discours extrêmes, ces polarisations intensives démontrent une conception hachée des gestes professionnels. Or, les gestes professionnels sont d'une complexité telle que repousser l'évaluation c'est faire fi des tours, des manœuvres, des habiletés de l'enseignant-évaluateur en situation de classe. Une image simplifiée porterait l'enseignant à mésestimer l'importance du geste d'accueil, d'interprétation des activités des élèves. L'enseignant deviendrait évaluateur malgré lui.

Pourtant, cette polyvalence existe dans les faits, même si sa cristallisation autour d'une même posture est particulièrement observable. L'enseignant-évaluateur apparaît à la lumière de la certification, exhibant une attitude d'autorité dans la transmission des savoirs et lors des contrôles. Confiné dans le rôle de contrôleur, il envisage peu de déployer d'autres gestes. Et si penser l'attitude de l'enseignant, de telle sorte qu'il assume les différentes postures d'enseignant-évaluateur ou de formateur-évaluateur, revenait à concevoir les gestes professionnels de façon plus interactive, sur des modalités différentes. Entendre la polyvalence, comme le jeu de l'unité professionnelle dans la diversité des démarches, laisse entrevoir **des gestes d'autorité, d'encouragement, de conseil, de compréhension mobilisés par le professionnel selon la situation.** Une vision complexe du métier permet de mettre en œuvre plusieurs langages de l'action sans pour autant que ces langages ne prédisposent à l'éclatement de l'identité professionnelle.

En effet, les différentes postures que l'enseignant-évaluateur peut adopter puisent dans des conceptions de l'action qui peuvent varier en fonction des enjeux déterminés. J'en distinguerai quatre qui emblématisent quatre conceptions de la régulation de l'apprentissage-enseignement (Jorro 1996 et 1999) :

- la posture de contrôleur ;
- la posture de pisteur-talonneur ;
- la posture de conseiller ;
- la posture de consultant.

Ces postures instaurent un climat et une dynamique de travail spécifiques. Dans le schéma, ci-après, nous précisons :

- la nature de l'interaction orchestrée avec l'apprenant : relation suture (relation réglée) ou relation d'autonomie ;
- le type d'activité de l'élève en fonction des postures de l'enseignant-évaluateur : élève sédentaire ou élève arpenteur de sens possibles.

Les postures de contrôleur et de pisteur-talonneur, instaurant une relation suture avec l'élève, sont révélatrices de la place dominante de l'enseignant-évaluateur, elles assignent l'élève à la vie de sédentaire. En

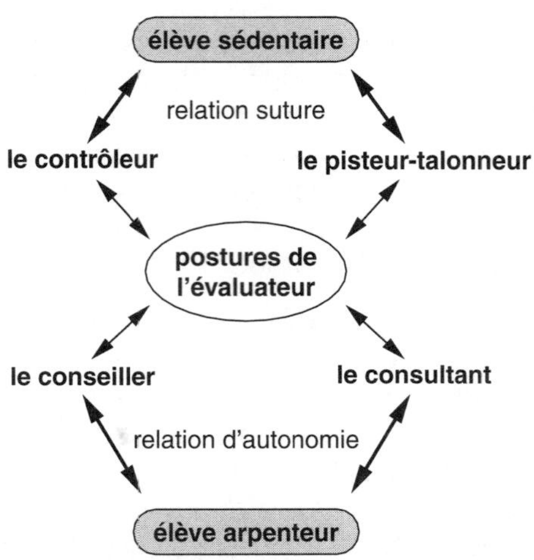

FIGURE 2
Activité de l'élève et postures de l'évaluateur

revanche, celles de conseiller et de consultant autorisent un espace de liberté que l'élève peut investir s'il développe à son tour une attitude investigatrice d'arpenteur. Ces postures, fort différentes dans leur intentionnalité, seront successivement présentées.

1

POSTURE DE CONTRÔLEUR

Si l'enseignant a pour projet de favoriser sinon de développer les performances de ses élèves, il agit en instructeur, délivre un enseignement traditionnel et installe des procédures répétitives. Cette posture rappelle les traits de l'exécutant, de l'ouvrier (Bourdoncle, 1993), ou de l'agent (Ardoino, 1993). Porté par les valeurs de la production, de la performance, il adopte la posture de contrôleur. Le contrôleur ne s'intéresse qu'aux résultats et met en scène leur proclamation, veillant tel un gardien au panthéon du savoir. Pourrait-on contester qu'une dimension symbolique s'empare de la posture du contrôleur ? L'œil et la voix symbolisent ses gestes.

- Par l'œil

  Il inspecte, il stabilise, il ordonne, adressant ainsi un message d'autorité à la classe. La vision devient un outil évaluatif incontournable puisqu'elle assure une forme de domination à distance. Ce qui nous pousse à évoquer le panopticon de Bentham, sorte de prison qui faisait de chaque détenu une personne visible et fragilisée parce qu'elle se sentait épiée. De cette situation a découlé l'idée de panoptisme comme procédé de contrôle permanent dans ses effets, même s'il était discontinu dans son action (Foucault, 1975). En effet, le contrôle induit chez tout sujet un état permanent de visibilité qui assoit la puissance du contrôleur. N'arrive-t-il pas à un enseignant de fustiger du regard l'un de ses élèves lorsque l'attitude de ce dernier dépasse les conventions ou lorsque la production scolaire ne répond pas aux attentes intitutionnelles ? Cette volonté d'assujettissement résonne encore lorsque le contrôle de classe constitue une visibilité des connaissances maîtrisées par les élèves.

- Par la voix

  La voix tranche parfois dans les situations de remise de copies ou de communication des résultats. La binarité réussite/échec teinte le discours du contrôleur. La voix soumet lorsqu'elle véhicule un discours stéréotypé réifiant les résultats et rappelant en écho la norme transgressée. La parole totalisante, se développe dans une énonciation impersonnelle « c'est moyen, c'est bon... », devient parole numérisante en catégorisant plus l'élève que sa production.

D'autre part, le contrôle, cet « obscur objet de désir » (Harvois, 1986), lance parfois l'évaluateur dans une élaboration d'examens plus difficile par rapport aux situations d'apprentissage organisées antérieurement. Le contrôleur fait preuve d'exigence accrue comme pour resserrer les jeux enseignant-élève (voir fiche 3).

FICHE 3

L'enseignant-évaluateur

Instructeur — Contrôleur

Gestes du praticien

- Transmet le savoir de façon expositive
- Donne des exercices
- Prépare les contrôles parfois plus complexes que les exercices
- Mesure les réponses du produit fini
- Fournit une note
- Répartit les notes selon la logique de la courbe de Gauss
- Annote le produit
  - de façon stéréotypée
  - de façon généralisante
  - de façon désincarnée ou encenseuse
  - de façon psychologisante
  - de façon laconique ou bavarde
  - sur un mode véhément (ratures)
  - sur un mode indifférent
- Valorise les meilleurs scores
- Rend les verdicts
- Tient le discours de l'effort, de la réussite, du dépassement de soi
- Ne remet pas en cause la logique de transmission des savoirs

2

POSTURE DE PISTEUR-TALONNEUR

Le dessein de la maîtrise propulse l'enseignant dans la posture d'entraîneur. Ce dernier rôde ses élèves à l'amélioration de leurs performances, encourage l'effort, considère sa relation avec l'élève comme le ressort de la réussite. Artiste ou artisan (Bourdoncle, 1993 ; Barlow 1999), il manie des outils pédagogiques tout autant qu'il instille le goût du savoir. Il possède une vision de l'élève, sait anticiper ses cheminements, voit à sa place si bien qu'il peut prédire sa trajectoire scolaire. Il n'oublie pas de contrôler son travail et de réajuster son parcours. Tout comme le contrôleur, le pisteur-talonneur est arrimé au champ visuel, prisonnier de son point de vue. Il s'inscrit entre prophétie et filature sur la base de la pédagogie par objectifs.

Le pisteur joue au visionnaire, anticipe les mouvements de ses élèves, défriche le parcours d'apprentissage et aménage la trajectoire scolaire. Porté par les valeurs de l'effort, du courage, de la persévérance, le pisteur est orienté vers le perfectionnement. Son souci d'aménagement et de promotion de la maîtrise le lance tel un préparateur sportif en prise avec un dispositif (fichiers et logiciels jalonnent la progression). Talonneur, il est doté d'une énergie sans pareil, suivant la progression de l'élève,

FICHE 4

L'enseignant-évaluateur

Entraîneur — Pisteur — Talonneur

Gestes du praticien

- Il découpe le savoir en unités d'enseignement
- Il détermine des objectifs globaux, intermédiaires, spécifiques
- Il établit seul la progression, en allant du simple au complexe
- Il fixe les bases, les pré-requis
- Il contrôle les pré-requis lors d' évaluations diagnostiques
- Il organise la remédiation autour d'exercices et installe des entraînements dans l'apprentissage
- Il pratique le corrigé type
- Il possède une cartographie des erreurs
- Il recourt à une technologie éducative
  - fichiers auto-correctifs
  - logiciels
  - livres d'exercices
  - cahiers de révisions
- Il contrôle les acquisitions des élèves sur des cycles courts
- Il pratique des contrôles continus et contigüs
- Il tient le discours de la répétition, de la révision, de l'effort, de la persévérance
- Il établit une relation suture avec l'élève

s'arrêtant là où l'apprenant hésite, lui réemboîtant le pas dès que la difficulté est levée. Le talonneur est un expert de la filature, prêt à dépister l'erreur symptôme, prêt à fournir une remédiation. Grand comparateur des objectifs atteints, des progressions réalisées, de la maîtrise des savoirs, le pisteur-talonneur se présente tel un homme de poursuite qui n'a de cesse de diminuer des écarts par un arsenal pédagogique.

On peut noter un véritable marquage de l'élève, une relation « suture » (Imbert, 1985) lorsque l'évaluateur prend fréquemment de l'information et ce, sur des cycles courts. Pris dans le tempo des contrôles, il s'érige en grand décideur de l'avancée des élèves. Cet enseignant chevronné (Altet, 1996) s'appuie sur des savoirs acquis au contact du terrain.

Par l'expérience acquise, il devient un talonneur, vérifiant si les paliers d'acquisition des savoirs sont atteints. L'esprit de correction (ou de réajustement) le pousse à développer un suivi pas à pas des progrès scolaires. Perrenoud (1988) le considère tel un automate capable d'intervenir dès qu'un dysfonctionnement apparaît, capable de proposer un remède. Le pisteur-talonneur s'affiche comme gestionnaire de l'évaluation.

3

POSTURE DE CONSEILLER

La part d'autonomie reconnue à l'élève, largement étayée par les théories constructivistes, appelle la posture de didacticien, soucieux de mettre en place les conditions d'appropriation du savoir savant. Qu'il se préoccupe des représentations de ses élèves, des démarches qui incitent l'élève à une remise en question de son mode de raisonnement, à la transformation de son réseau conceptuel, le didacticien poursuit le même but : permettre à l'élève de construire des compétences dans une discipline donnée. Aussi, est-il au fait des différentes tâches qui permettent la construction d'une compétence (Reuter, 1996 pour l'écriture) et y compris des tâches complexes qui placent les élèves dans un processus conflictuel, un processus d'appropriation de nouvelles relations entre les savoirs. Un tel projet fait de l'enseignant un expert disciplinaire, un « maître instruit » (Paquay, 1994 a), un maître didacticien (Develay, 1994) qui adopte une posture de conseiller lorsqu'il communique avec ses élèves autour de leurs productions.

La médiation que développe le conseiller est moins d'ordre visuel, et plus proche de l'écoute. Son discours est un discours référé à la tâche et à des objets de savoir. Le conseiller communique avec la classe en privilégiant un langage spécifique, un métalangage critériel. L'action de l'élève est décodée, interprétée à travers le filtre de la discipline et les repères que sont les critères de réalisation.

Ainsi, la conception de l'erreur est singulièrement différente de celle du symptôme, ce que défend le conseiller, c'est que l'erreur est formative pour l'élève. Le conseiller tente à chaque fois de favoriser les boucles de régulation de l'élève, en l'incitant à verbaliser ses actions, à préciser sur quels critères il rencontre une difficulté. Evaluateur de l'élève, il est aussi son propre évaluateur : il sait aussi que l'erreur produite par des élèves appelle une interrogation sur ses propres interventions d'enseignant et provoque une réflexion sur sa pratique.

Il entend, il décrypte, il propose, en cela il est moins dans une position de repli pour tout voir. Au contraire, il est impliqué dans le contexte d'apprentissage tout comme l'élève, tout comme la classe. Le conseiller développe un savoir d'expert, une approche plus centrée sur les compétences disciplinaires. En cela, il s'inscrit dans un rapport d'aide en fonction de cas particuliers. Il différencie ses conseils, puise dans l'étendue de son savoir des éléments qu'il proposera en fonction de l'interaction élève-tâche-enseignant. Il affiche donc une certaine capacité à

FICHE 5

L'enseignant-évaluateur

Didacticien — Conseiller

Gestes du praticien

- Il s'informe sur la didactique disciplinaire
- Il répertorie les compétences liées à la discipline
- Il procède par résolution de problème, par chantier
- Il privilégie la situation d'apprentissage sur la situation d'enseignement
- Il utilise l'évaluation pour réguler l'apprentissage
- Il pratique en classe une analyse de la tâche
- Il recourt à des tâches pré-texte
- Il négocie des critères avec la classe
- Il incite à l'autoévaluation
- Il s'intéresse aux démarches, aux stratégies et n'attend pas le produit final
- Il hiérarchise les exigences
- Il pense au système de médiation
- Il valorise les réussites
- Il accueille l'erreur
- Il conseille, pratique le compagnonnage
- Il différencie le parcours des élèves
- Il individualise ses conseils
- Il réfléchit sur sa pratique

improviser à partir de ses champs d'expertise (Tochon, 1993). Cette « improvisation orchestrée » (Vial, 1991) le conduit à accompagner les élèves dans leurs cheminements.

4

POSTURE DE CONSULTANT

Lorsque l'enseignant se préoccupe des non-dits, de l'espace-temps de la classe au cours duquel l'élève laisse émerger ses connaissances, ses rêves, ses incertitudes, il est un passeur. Son projet c'est de mobiliser les processus de compréhension des élèves, d'organiser le passage entre les mondes privés, culturels de ces derniers et celui de l'institution scolaire. Il perçoit l'énigme de la situation-classe en instaurant des rituels de regard, de circulation de la parole, d'accompagnement. Il a le souci de favoriser les liens entre l'univers de l'élève et l'institution scolaire. Comme il promeut la circulation de la parole, il l'entend, la reconnaît au point de ne pas imposer ses propres visions, mais présente son point de vue comme une voix parmi d'autres. Il cherche à instaurer une communauté au sein de laquelle les élèves construisent des repères d'identification et de projection (Zulliger, 1969).

Comme passeur, il sait qu'il se tiendra dans une écoute de la différence (Imbert, 1993). Pour aider l'apprenant à exprimer sa singularité, le passeur laisse sa place au consultant, celui qui interpellera cette singularité et apostrophera l'élève sur le sens de son implication. Libéré de ses enjeux personnels (Boumard, 1997), de la question du pouvoir comme contrôle, le consultant est présence.

Cette présence questionnante est tournée vers les élèves afin qu'ils fassent des liens, qu'ils construisent des repères dans l'institution classe. À la manière du consultant de l'antiquité, qui était recherché pour ses qualités « d'éveilleur de l'âme » (Foucault, 1984), le consultant tente de réinscrire le souci de soi, l'écoute de soi en suscitant la réflexion de l'élève tout en organisant l'espace d'interpellation. Ses gestes professionnels, portés par la parole questionnante et par l'écoute, renvoient à des gestes originaires.

- Par la bouche

  Le consultant questionne non pas dans une interrogation formelle mais lance une parole qui invite à la réflexion. La question-processus qu'il adresse à l'élève, diffère des consignes scolaires. Tel l'aiguillon, le consultant interpelle les intentions de l'élève. Il se garde bien de commencer par des questions centrées prioritairement sur le savoir, ce qu'il souhaite c'est lancer l'élève dans la mise en mouvement du sens, dans une réflexion sur sa relation au monde, sur son rapport au savoir. Le consultant improvise dans la communication tant il a l'intuition que la relation à l'élève reste une énigme. « L'autre est une aventure, un processus » (Porcher, 1996).

- Par l'oreille

  Le silence est un outil pour le consultant. Son écoute permet à l'élève de s'acheminer vers une mobilité de l'esprit et de comprendre la part inachevée de ses implications à l'école et sur un plan plus large. Alors que le passeur travaille à l'instauration d'accroches, de mots relais, de mots de passe, le consultant cherche à faciliter un questionnement par des embrayeurs, des déclencheurs de réflexion qui invitent l'élève à déployer sa pensée.

FICHE 6

L'enseignant-évaluateur

Passeur — Consultant

Gestes du praticien

- Il instaure une communauté de pairs
- Il accueille les désirs, les craintes, les demandes des élèves
- Il favorise la parole questionnante des élèves
- Il écoute et reconnaît la parole singulière
- Il tisse des liens entre la parole du sujet et sa présence institutionnelle
- Il partage l'accès à la réflexion
- Il s'intéresse à la relation au monde du sujet qu'est l'élève
- Il s'intéresse au rapport au savoir de l'apprenant
- Il met en relation l'aspect institutionnel et l'identité singulière
- Sa médiation s'inscrit entre norme et significations singulières
- Il est soucieux de rester en retrait dans l'émergence du sens
- Il affronte l'habitus scolaire en valorisant le projet d'apprendre
- Il attribue à la connaissance une fonction émancipatrice
- Il attribue au savoir une fonction structurante

Chaque posture, parce qu'elle traduit un investissement symbolique, celui que l'enseignant donne à voir et à entendre, génère une dynamique propre dans la classe. Chaque posture peut donc infléchir singulièrement tout aussi bien l'esprit que l'action des élèves. L'effet pygmallion n'illustre-t-il pas cette idée ? La posture d'enseignant-évaluateur n'est pas neutre, elle témoigne du rapport de l'évaluateur à l'évaluation. Les gestes du contrôleur, ceux du pisteur-talonneur, ceux du conseiller et du consultant se déclinent entre la voix et le regard, entre l'écoute et la parole, entre le regard et le questionnement. Chaque posture ouvre un univers éducatif particulier que l'enseignant, « praticien réfléchi » (Schön, 1994), ne peut ignorer.

CHAPITRE

3

Le bon évaluateur est celui qu'on perd

Emprunté à Juffé (1986), ce titre évoque le statut provisoire de l'enseignant-évaluateur. Le style de la transmission empêche de penser cette passation des pouvoirs, cette évolution vers l'autonomie de l'élève. C'est donc un véritable projet pédagogique qui est interpellé et les visées de ce projet peuvent être contraires à l'option émancipatrice.

Si Ardoino et Berger (1986) parlent d'un impossible label d'évaluateur, ils cherchent à valoriser l'autonomie croissante de l'évalué. Désormais, l'évaluation concerne tout individu : la puissance de l'évaluateur externe est alors revue. En effet, sa place est interrogée, notamment, pour permettre aux élèves une implication plus forte dans leurs propres apprentissages. En autorisant tout individu à porter un regard critique sur son activité, un choix d'envergure politique et de nature démocratique se dessine. Cette orientation fait advenir la parole singulière et, il en résulte que l'évaluation ne procède pas par procuration. Si l'élève s'en remet au détenteur du savoir évaluer, comment deviendra-t-il autonome ?

Et de nouveau, l'école est sur la sellette quant à sa vision de l'apprenant. Vise-t-elle l'altérité de l'élève, sa capacité à devenir autre ou façonne-t-elle une identité scolaire ? Les analyses de Chervel (1988) et de Houssaye (1996), présentées précédemment, mettent en évidence la disciplinarité des processus éducatifs modelant des élèves et façonnant des comportements dociles. En déjouant cette tendance, l'enseignant sait qu'il promeut une vision émancipatrice. Ce qu'il sait aussi, c'est la difficulté à se mettre lentement en marge, à rester à la périphérie de l'activité de l'élève, lui si longtemps incontournable comme porte-parole du « texte du savoir ».

À chaque élève de devenir un autoévaluateur sans quoi l'émancipation serait vaine. Mais comment gagner cette autonomie s'il reste sous la tutelle de l'adulte ? En dénouant la relation « évaluateur / évalué », le sujet émancipé peut réinjecter dans l'action, ce processus autoévaluatif. Porté par des gestes qui ont pris sens pour lui, l'élève investit la posture d'évaluateur. Lorsque la tutelle se dissipe, un autre enjeu reste à discuter : si l'élève devient autoévaluateur, il peut décliner sa posture de deux façons en assumant une activité métacognitive ou en s'impliquant dans un questionnement. Qu'ajoute cette distinction ?

1

L'AUTOÉVALUATION COMME PROCESSUS MÉTACOGNITIF

La fonction métacognitive de l'autoévaluation installe l'apprenant en position d'extériorité par rapport aux objets de savoir, aux références scolaires, dans une position de quasi-surplomb. Les recherches sur cette question (Flavell 1981, Allal 1993, Noe1 1991 et 1999) soulignent le rôle que joue l'autocontrôle sur la prise de conscience de l'élève. Le retour sur l'action ou sur la production scolaire permet des régulations interactives, rétroactives et proactives. L'approche métacognitive suppose une démarche de confrontation entre la norme propre à la discipline de référence et la production de l'élève. Ce dernier développe alors un travail de comparaison, de mise en rapport. Il s'agit, dans ce processus de confrontation, de promouvoir un rapport épistémique au savoir.

En situation d'apprentissage, lorsque les élèves munis de leurs feuilles de route se réfèrent aux critères de réalisation de la tâche pour anticiper leur production ils exercent leur réflexion critique, sachant que les critères sont des repères pour agir, ils s'y réfèrent pour décider de la pertinence de leur action. De même, lorsque l'élève co-évalue le travail avec son pair, il se reporte aux critères d'évaluation pour délivrer un message de conformité « ça va ». Autrement dit, l'approche métacognitive est un processus de mise en rapport, de rapprochement avec un référent. Ainsi, tout travail de référenciation appelle un regard critique d'ordre métacognitif. L'évaluation formative permet de développer cette fonction critique qui garantit l'autonomie de pensée de l'apprenant. Les objets de savoir qui font l'objet de ce regard et de cette évaluation de conformité renvoient à une perspective du travail de l'identique. La réflexion critique se déploie dans la logique du respect du même.

2

L'AUTOÉVALUATION COMME QUESTIONNEMENT

Avec le questionnement, l'apprenant se dégage de ce rapport de conformité avec des savoirs pour exprimer ce qui le préoccupe, ce qui le mobilise, ce qui l'attire, ce qui le gêne. Dans ce cas, le rapport au savoir est tout autre, il devient identitaire (Charlot, 1997), c'est-à-dire chargé des registres affectifs et émotionnels. Le rapport au savoir est donc différent du rapport épistémique habituellement évoqué dans le processus d'évaluation. En effet, c'est moins dans une position de surplomb que se situe l'apprenant, mais bien plus dans une démarche interprétative du rapport qu'il tisse avec la situation qu'il rencontre. Ce processus d'autoévaluation oriente l'élève dans un travail de réinterprétation et de redéploiement de ses investissements : « ce que je fais là, est-ce pour moi maintenant, pour plus tard ? En quoi cela me concerne-t-il ? Quelles sont les raisons de ma réticence, de mon désintérêt ? Si ce que je vis en classe me donne une autre vision des choses, cela me déplaît-il, me gêne-t-il, me permet-il une nouvelle approche de l'environnement ? » Par le questionnement, l'élève revisite ses petites évidences, ses petites certitudes, porte un autre regard sur ce qu'il connaît ou croit connaître, sur ce qu'il sait ou croit savoir. C'est un espace de liberté de pensée qui est en jeu, comme une mise en mouvement du sens commun que nous désignons, alors, sous l'expression « apostrophe du sens ».

En questionnant le sens qu'il accorde à sa situation scolaire, l'apprenant dépasse les frontières symboliques de la classe, non pas pour s'en évader mais pour trouver des repères qui l'aident à concevoir le projet d'apprendre, à en saisir les prolongements possibles. Dans le processus autoévaluatif qui le mobilise, il n'y a pas de césure avec son imaginaire, avec son monde privé. Le philosophe Heidegger (1967) considère le questionnement comme une volonté de savoir qui projette le sujet vers l'avant. Ici, dans le cadre scolaire, l'élève interrogerait de façon plus large ses intentions, son investissement scolaire, ses visions d'enfant, d'adolescent pour construire à partir de cette mosaïque d'impressions, un sens qui l'aiderait à se situer dans et hors de la classe. Autrement dit, le **questionnement puise dans les fondations identitaires de l'apprenant et, plus précisément, dans ses registres affectifs et émotionnels**. Dans ce cas, le processsus autoévaluatif en jeu consiste pour l'élève à vivre un passage : l'élève passe alors de son univers personnel vers celui de l'institution scolaire et des savoirs qui y sont dispensés.

De l'approche métacognitive au questionnement, un mouvement interprétatif se dessine. Si la réflexion critique que suppose la métacognition propulse les élèves à partir d'un référent déjà là, dans un processus d'auto-contrôle, le questionnement consiste en la recherche du ou des référents d'appui (identitaires et didactiques). D'un processus à l'autre, ce qui se joue c'est le travail d'élaboration d'un cadre de référence, sachant que ce cadre sera remis en question, soumis à des transformations. Vivre une vie d'apprenant, c'est mettre en œuvre ces deux démarches : l'une, par le questionnement, ouvre sur le processus de positionnement de l'apprenant dans la situation d'apprentissage, l'autre, avec l'approche métacognitive, nécessite un travail approfondi de mise en rapport et de confrontation avec des objets de savoir ou des stratégies.

Toutefois, les pratiques autoévaluatives ne constituent pas une fin en soi dans l'apprentissage. Des dérives existent et, sur cette question, Allal (1998) identifie quelques pièges :

- l'apprenant légitimerait son action par le fait de développer des stratégies personnelles ;
- il pourrait également confondre moyens et buts…

Aussi, la place de l'autoévaluation en classe nécessite une réflexion de la part de l'enseignant, mais aussi, de l'équipe pédagogique.

CHAPITRE

4

Les gestes professionnels en question

Le sens commun associe à l'idée de geste une intentionnalité qui affecte son destinataire lorsque l' expression « c'est le geste qui compte » souligne l'empreinte d'une pensée, la reconnaissance d'une dimension symbolique l'emportant sur une approche utilitariste et passagère. Le geste n'est pas seulement gesticulation ou bien encore mouvement stéréotypé et reproductible, il possède une intensité. Bien qu'éphémère dans sa réalisation, il laisse des traces. Le geste commence là où l'utilitarisme finit.

Les danseurs connaissent cette puissance évocatrice du geste d'où rayonnent des significations plurielles. Pour les danseurs, c'est entendu, mais qu'en est-il du côté des enseignants ?

Dans le champ professionnel, cette puissance symbolique est peu mise en évidence puisque la définition des gestes est encore étroitement liée aux modèles comportementalistes issus des théories de l'apprentissage. Parfois, des pratiques récurrentes laissent supposer que l'habitus professionnel confine les gestes dans des stéréotypes d'actions, proches du taylorisme. Finalement, évoquer les gestes reviendrait à parler de l'action éducative en la détachant des valeurs, des imaginaires, des investissements symboliques. Il n'en est rien.

Si l'on étend ses champs de référence à l'ethnologie on perçoit alors des significations du geste plus ouvertes et débarrassées des connotations restrictives notées plus haut. Les gestes des populations dites primitives renvoient à une manière d'être, à une posture (Mauss, 1950). Tout comme l'ethnologue met en évidence les visions du monde des populations éloignées (Augé, 1994), il s'agirait au plan local, dans le cadre des modalités d'éducation et de formation, de comprendre nos propres gestes afin d'éclairer les intentions en actes, les valeurs agies par l'enseignant dans sa pratique de classe.

Toute la difficulté réside dans certains gestes frappés de partialité qui assurent l'enseignant dans sa position de médiateur des savoirs. Dans ce cas de figure, les pratiques d'évaluation sont présentées en marge des gestes professionnels comme si l'évaluation relevait de l'après-coup obligé. C'est ce que réfute Porcher (1987) puisque l'évaluation n'est pas « un signe extérieur à l'enseignement lui-même… (et) il convient d'affirmer que l'évaluation fait partie intégrante de l'enseignement et donc de l'apprentissage… ». Cette position reste encore critique en classe et nous pousse à revisiter la relation éducative. En effet, comment se fait-il que la coupure entre enseigner et évaluer demeure dans l'agir ? Pourquoi une telle différence de statut entre enseigner et évaluer mine-t-elle l'action éducative ?

1

SENS ET GESTUALITÉ

En portant une réflexion sur la relation éducative, le professionnel rencontre assez vite des logiques opposées, l'une plutôt normative a été qualifiée de « relation-suture » par Imbert (1993) et s'inscrit dans une approche transmissive, l'autre, plus souple, ouverte à l'interaction constructive vise l'autonomie de l'apprenant. Considérons ces deux approches de la relation éducative.

1.1 – Le sens de la transmission

Les pratiques de transmission placent l'enseignant en position haute au point qu'il peut entamer avec la classe un passage en force. Selon Meirieu (1996), le rapport qui en découle risque de se transformer en « un face-à-face qui se fait vite corps à corps et qui (nous) entraîne (malgré nous) vers les solitudes désertiques où règnent le froid et la désolation » (p. 66). Le mode expositif de présentation des savoirs consolide l'idée de rapport de force entre le détenteur du savoir et le novice. La relation éducative se resserre autour de la maîtrise, de la certitude et de l'ordre. Les postures d'instructeur et d'entraîneur appellent les postures de contrôleur et de pisteur-tallonneur.

1.2 – Le sens de l'autorisation

Avec l'autorisation, les gestes professionnels visent l'émancipation de l'apprenant. Au maître instruit, se substitue le maître discret qui, alerté par la trop grande place qu'il peut occuper, travaille aux marges, laissant l'élève prendre de l'initiative, développer des tactiques personnelles, s'autoriser à penser par lui-même. La reconnaissance de l'élève comme sujet concepteur inaugure le processus d'autorisation par lequel l'élève devient son propre auteur (Ardoino 1993) et assume le fait de devenir l'arpenteur de sens possibles (Jorro, 1999).

En situant l'évaluation par rapport à ces deux approches, deux perpectives sont défendues. Du côté de la transmission, l'enseignant actif laisse l'élève dans une position de récepteur. En revanche, lorsque les valeurs d'autorisation et d'émancipation l'emportent, la position de l'enseignant n'est plus centrale puisqu'il promeut l'autonomie de ses élèves. Ses actes d'évaluateur n'échappent ni aux transactions institutionnelles (Perrenoud, 1998), ni aux arrangements évaluatifs (Merle, 1996). Parce qu'il reconnaît l'influence de ces transactions, qu'il sait l'importance des processus d'interprétation, il se situe dans cette seconde voie.

2

STYLES ÉVALUATIFS ET POSTURES D'ÉVALUATEUR

La relation éducative, décryptée à travers les archétypes de la transmission et de l'autorisation, peut être approfondie du point de vue des actions entreprises par l'enseignant-évaluateur, et plus précisément, du point de vue de ses manières de faire, c'est-à-dire des styles qu'il donne à voir. Deux grands styles caractériseraient ses gestes :

- le style de la normalisation ;
- le style de l'altération.

2.1 – Le style de la normalisation

Ce style se manifeste entre le moment de la réception de la production scolaire par l'enseignant et le moment où il renvoie à l'élève un avis, voire un verdict. Dans les faits deux modalités coexistent. La première, négative, assure l'élève que son travail est proche de la faute et que ce manquement est critique. La seconde pointe l'erreur, mais, l'erreur est perçue comme le signe des faiblesses et des manques de l'apprenant. Une symptomatologie s'insinue dans le discours de l'enseignant qui a pour dessein de mettre en œuvre des stratégies de remédiation. Autrement dit, le style de la normalisation vise la régularisation des faux pas scolaires par un enseignant-évaluateur qui peut prendre la posture de contrôleur et de pisteur-talonneur. Le style de la normalisation perdure dans les pratiques quotidiennes, certainement parce qu'il confirme l'autorité de l'enseignant, la suprématie des objectifs d'enseignement, mais plus encore, parce qu'il réaffirme sa relation à la certitude, à l'établi, à l'ordre. La chaîne erreur-cause-effet façonnne un univers unidimensionnel.

2.2 – Le style de l'altération

Le style de l'altération sous-tend une vision émancipatrice de l'apprenant et de l'enseignant. La praxis s'y déploie emportant les deux protagonistes de la relation éducative sur des voies faites d'incertitudes et d'altérations successives. L'échange annonce le devenir-élève de l'enseignant et le devenir-enseignant de l'élève. C'est dans une « double capture « au sens de Deleuze *et al.* (1996) que l'échange se développe dans la reconnaissance des altérations réciproques des acteurs en présence. Les gestes professionnels de l'enseignant-évaluateur sont portés par l'improvisation. D'une part, le conseiller se réfère à ses champs d'expertise pour aider et accompagner l'élève dans son cheminement. D'autre part, le consultant improvise lorsque les questions qu'il adresse à l'élève ne sont pas directement ciblées sur un corps de savoirs mais visent plutôt le rapport au savoir. Le style de l'altération correspond à une recherche d'équilibre dans la relation enseignant-élève, laquelle s'articule aux modèles constructivistes de l'apprentissage où la part active de l'élève est alors valorisée.

DEUXIÈME PARTIE

LES IMAGINAIRES QUOTIDIENS DE L'ÉVALUATION

PRÉAMBULE

Depuis les recherches en docimologie, l'évaluateur sait qu'il ne peut prétendre à une objectivité de principe, et que, bien souvent, si le praticien la revendique pour légitimer son action, il n'échappe guère aux dilemmes qui le poussent à bricoler des arrangements évaluatifs (Merle, 1996). Ainsi, nourri de tensions institutionnelles, sociales, pédagogiques et personnelles, le quotidien de l'évaluateur est ouvert au doute.

En emboîtant les pas de Ardoino et de Berger (1986), ne nous reste-t-il pas à assumer le fait que l'évaluation s'élabore à partir de processus interprétatifs reléguant ainsi l'idée d'une approche rationalisante et calculatrice ? La reconnaissance de l'irréductible subjectivité de l'acte évaluatif s'accompagne alors d'une réflexion sur les horizons de valeurs qui circulent dans l'imaginaire collectif des praticiens. La culture professionnelle livrée aux valeurs de la certitude et de la maîtrise intègre aussi celles de la compréhension et de la régulation. Dès lors, dans ce foisonnement d'idées, de principes, de valeurs qui régissent les mouvements des acteurs, les imaginaires de l'évaluation habitent le quotidien de l'enseignant. Dans la ligne des travaux de Castoriadis (1975, 1997), nous relèverons les caractères « institué et instituant » de ces imaginaires.

Les gestes évaluatifs sont donc portés par des imaginaires qui témoignent de la mise en discours et de la circulation de théories mais aussi, de valeurs, de concepts, de principes, de lois scientifiques, de mentalités, de discours et d'actes imbriqués et indissociables. L'expansion de chaque imaginaire s'origine dans un processus de nomadisation d'idées, de valeurs, jusqu'alors circonscrites à un domaine, et qui, par la suite se greffent à d'autres idées jusqu'à constituer un noyau, puis un essaim. De l'emballement d'une idée, d'une valeur, d'un concept, de leur redondance dans les discours jusqu'à leur opérationalisation dans l'action, tel est le procédé d'enflement qui marque la présence de chaque imaginaire. Imaginaire qui émane des gestes du praticien, dans les médiations qu'il instaure, dans les valeurs qu'il affiche et pour lesquelles il organise des dispositifs pédagogiques.

Sur ce point, Gillet (1988) note comment l'imaginaire managérial, propulsé comme principe fédérateur, détermine le succès de la pédagogie par objectifs. Si les organisations symboliques n'ont pas de frontière, elles ont un effet structurant. Il en est ainsi pour le terme de performance issu du monde de l'entreprise qui s'est émancipé de son territoire, de sa niche originelle pour se diffuser dans le champ éducatif... Effet mimétique ? Effet hypnotique ? L'on pourrait aussi évoquer le maître mot de la maîtrise qui emblématise les discours professionnels...

La présentation qui suit cherche à mettre en évidence la « cohérence interne de ces imaginaires » (Castoriadis, 1997) et, plus précisément, leurs effets de portance par rapport aux gestes évaluatifs. Ces imaginaires coexistent, cohabitent, sont juxtaposés ou articulés dans les pratiques. Ils ne se présentent pas hiérarchiquement, ne sont pas synonymes de progrès mais, plutôt, symbolisent des réorientations, témoignent de valeurs éducatives en circulation. Ce n'est donc pas une approche continuiste qui est privilégiée, bien au contraire, c'est une perspective de distinction et d'articulation qui sera recherchée.

Ces imaginaires structurent le champ de l'évaluation et de l'apprentissage. On notera les interpénétrations, les chevauchements entre les concepts, les idées et les valeurs qui les fondent. Le schéma qui suit permet de visualiser les imaginaires qui traversent les champs de l'apprentissage et de l'évaluation. Le lecteur, averti qu'il n'y a pas de linéarité, peut concevoir d'articuler plusieurs imaginaires ou rechercher l'entrée qui est la sienne. Puisque l'évaluation scolaire est une pratique sociale et qu'elle s'inscrit dans une culture avec son bouillonnement d'idées, de valeurs, nous pouvons saisir conjointement les discours et les gestes évaluatifs.

Quatre imaginaires se diffusent au travers des gestes professionnels. Nourris d'utopie, de rêves, de rationalités, de discours enchevêtrés, de valeurs, ces imaginaires pénètrent le champ éducatif, agissent en formation, retentissent dans les discours du praticien, dans sa perception des réalités de la classe et dans ses actions.

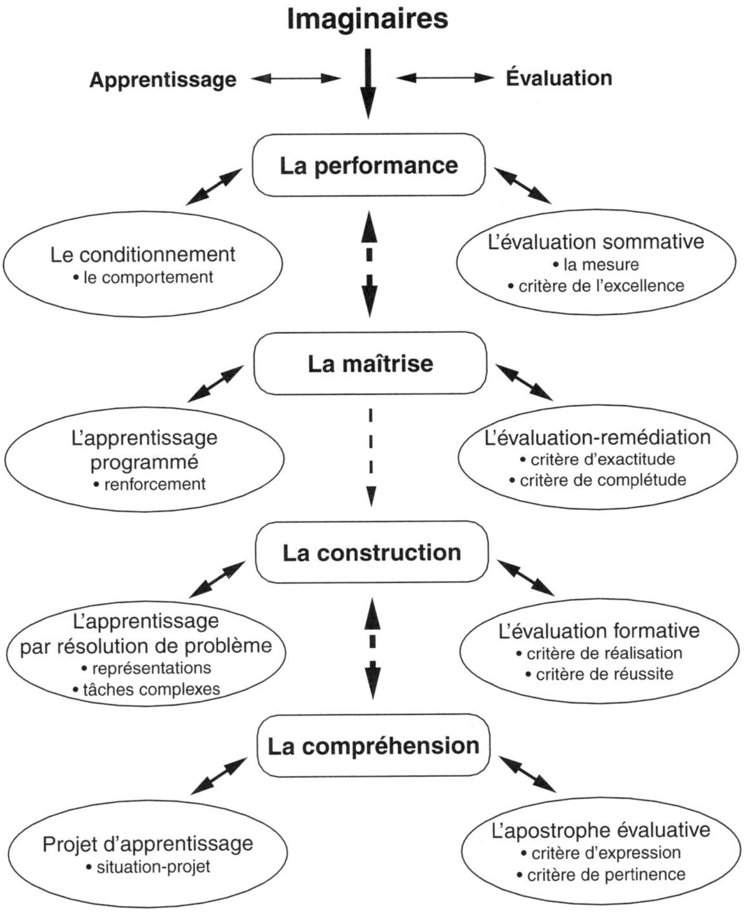

FIGURE 3
L'évaluation dans le prisme de l'imaginaire

Des implications réciproques entre l'imaginaire de la performance et celui de la maîtrise se dessinent, puis entre l'imaginaire de la construction et celui de la compréhension. Par ailleurs, la lecture de ce schéma permet de noter les oppositions fortes entre performance et compréhension, et ainsi, le « saut culturel » qu'implique le passage de l'imaginaire de la maîtrise à celui de la construction.

1

L'IMAGINAIRE DE LA PERFORMANCE

Avec l'imaginaire de la performance, seul le résultat d'une action entreprise compte, seule la réponse devient une valeur de référence. L'évaluation porte alors sur la mesure ponctuelle, sur un rapport binaire oui/non, réussite/échec. La performance appelle la recherche de l'objectivité que des pratiques de notation, des périodes de tests, relevant du contrôle sommatif donc du bilan, assureront. Ces pratiques seront remises en cause dans leur scientificité même.

Du point de vue de l'apprentissage, la conception finaliste est affirmée puisqu'il s'agit de viser la modification d'un comportement observable. Modification fortement induite par des procédures de conditionnement où la répétition et le renforcement prédominent. Les théories du conditionnement cherchent à modeler, à façonner une réponse sans tenir compte des processus cognitifs en jeu. Est-ce à dire qu'il y a un déni du sujet dans l'oubli de son intelligence langagière et que cet oubli marquerait à sa manière l'utopie productiviste, la course effrénée vers la fabrication de l' action ?

L'imaginaire de la performance se développe sur fond d'esprit de compétition confirmé par la rationalité scientifique. À la hiérarchie comme valeur se greffe celle de la distinction des meilleurs, de l'élite. Les gestes de l'enseignant-évaluateur confirment le rapport de force permanent véhiculé dans l'imaginaire de la performance, si bien que la valorisation du score va de pair avec le principe de sélection. Le principe de l'excellence devient un maître mot.

2

L'IMAGINAIRE DE LA MAÎTRISE

Le discours de la maîtrise concerne le processus d'enseignement-apprentissage et, plus précisément, la volonté de clarification qui s'exprimera avec les recherches américaines sur les objectifs généraux de l'éducation. Cette orientation atténuera les pratiques évaluatives posées comme jugements de valeurs. Les recherches curriculaires (classifications d'objectifs éducatifs) permettent d'établir des échelles d'objectifs, appelées encore taxonomies, dont le but consiste en la discrimination de repères généraux pour l'enseignement.

Sur le plan de l'action pédagogique, ces objectifs sont opérationnalisés, c'est-à-dire spécifiés du point de vue de l'activité de l'élève. La pédagogie par objectifs fondée sur une volonté de transparence, de clarté du processus de transmission a pour effet de découper les capacités, d'émietter les actions, de promouvoir un apprentissage instrumental. On assiste alors à des algorithmes d'enseignement-apprentissage qui placent l'élève en position de faire et de refaire en cas d' échec. Le chercheur Skinner avec l'apprentissage programmé, conçoit des parcours d'apprentissage lorsqu'il y a absence de maîtrise, besoin de perfectionnement. Des pratiques de contrôle renvoient alors l'élève vers des apprentissages qui cherchent par le détour de batteries d'exercices à apporter une aide. Si l'élève ne réussit pas un exercice, d'autres lui seront proposés afin d'atteindre le niveau souhaité. Cette pratique peut être observée avec l'utilisation en français d'un manuel devenu une institution scolaire : le « bled ».

La maîtrise qui inspire les gestes de l'enseignant-évaluateur (qui apparaît alors comme un pisteur anticipant les pas de l'élève) est marquée par des retours sur l'action initiale. En partant du principe qu'il s'agit de recommencer pour réussir, l'exploitation des résultats des élèves s'enlise dans le même contexte d'apprentissage. La régulation consiste alors pour l'élève à refaire l'exercice « loupé » et à suivre dans une stricte progression les paliers qui garantissent l'appropriation du savoir en question. Cette trajectoire de l'apprentissage sous-estime la logique de l'apprenant pour mettre en valeur la planification de l'enseignant.

LES IMPLICATIONS RÉCIPROQUES ENTRE PERFORMANCE ET MAÎTRISE

Entre ces deux imaginaires, le processus de transmission des savoirs n'est pas remis en cause. L'action de l'enseignant, les démarches de l'élève ne sont pas revues dans leur principe. Tout est affaire de production, de fabrication de gestes pour réussir. La différence apportée par la maîtrise réside dans l'idée de réajustement : le « retour sur » vise l'amélioration de la production scolaire.

3

L'IMAGINAIRE DE LA CONSTRUCTION

La construction vise les processus d'appropriation des savoirs. L'idée de construction, déjà présente dans les travaux de Piaget (1974, 1979) et de ses successeurs (les néoconstructivistes) cherche à mettre en évidence la participation de l'apprenant dans l'appropriation des savoirs. Sans démarche active de l'élève, le savoir reste du domaine de l'information. De même, la verbalisation de l'action par l'élève apparaît comme un processus central dans la prise de conscience de la tâche. Cet axe à l'origine des recherches du psychologue Vygotsky (1985) met en évidence l'importance du langage dans l'élaboration intellectuelle, l'importance de la médiation sémiotique dans le processus d'appropriation.

Du point de vue de l'évaluation, l'imaginaire de la construction intègre des démarches qui permettent à l'élève de prendre conscience des critères de réalisation d'une tâche donnée et, donc, de connaître les exigences évaluatives mais, plus encore, de développer des compétences nouvelles. La construction d'une base d'orientation de l'action (Galpérine, 1980) assure à l'élève la prise de conscience du référent en jeu, la compréhension du but de l'action et des démarches à mettre en œuvre. L'enseignant mobilise une attitude de conseiller en intervenant à la demande sur des questions de savoir.

L'évaluation formative permet donc à l'élève de rationaliser son accès au savoir par une planification de ses actions : d'agir en amont de l'orientation de l'action, puis en cours d'action. Cette démarche place l'élève dans un processus d'explicitation des repères nécessaires à l'accomplissement de la tâche, lui permettant de s'engager au mieux dans l'action et d'autocontrôler la production en cours. La conception constructiviste de l'apprentissage joue sur deux plans : elle offre à l'élève la possibilité de prendre conscience de ses erreurs, par un travail critique de comparaison avec les critères de réalisation et de réussite, elle alerte l'enseignant sur le statut de l'erreur, désormais formative.

4

L'IMAGINAIRE DE LA COMPRÉHENSION

Cet imaginaire renvoie non plus comme c'est le cas avec les approches précédentes à la production de la réponse, à la maîtrise d'un savoir, à la construction de compétences, mais plutôt à la relation qu'établit l'élève avec le projet d'apprendre. Ce sont les processus d'autoévaluation qui le lancent dans un travail de mise en circulation de ses idées, de réaménagement de ses pensées, d'ouverture du sens. L'imaginaire de la compréhension instaure l'évaluation comme un processus de questionnement entre la culture personnelle de l'élève et les références externes qu'il rencontre. L'évaluation constitue une mise en mouvement des valeurs de l'élève, ces valeurs transparaissent dans les significations singulières qu'il exprime.

La situation classe devient un espace-temps symbolique au cours duquel l'élève prend conscience du sens de son apprentissage (Develay, 1996). Il s'agit pour lui de faire des liens avec ce qu'il connaît déjà, et la situation vise à lui donner la possibilité de s'interroger sur ce qu'il pourrait apprendre, pourrait comprendre. Les processus de questionnement de l'élève, sa volonté de savoir, les évocations, les rêves, les analogies qu'il formule sont recherchés. Bien que toutes ces expressions ne relèvent pas directement d'un savoir précis, elles reflètent, cependant, un rapport à la connaissance à partir duquel les processus d'apprentissage deviennent possibles. C'est donc l'axe du projet qui est valorisé : le projet personnel de l'élève s'articulant au projet de classe.

Le questionnement, comme processus autoévaluatif, joue le rôle d'une caisse de résonance des doutes, des pensées furtives, des supputations de l'apprenant. Une réflexion est en cours d'élaboration. Dans ce cas, le questionnement marque l'interaction conflictuelle entre la logique de l'élève portée par une certaine affectivité de la pensée et des logiques abstraites qui lui sont hétérogènes : en effet, l'élève tisse plus facilement un rapport identitaire aux savoirs qu'un rapport épistémique. L'enjeu d'une telle mobilisation de la réflexion réside dans le fait que l'élève accepte la confrontation avec des logiques différentes et qu'il se situe dans l'intersubjectivité. L'enseignant-consultant peut favoriser ce mouvement de la réflexion en incitant l'élève à prendre la parole, à faire valoir ses idées, à se questionner, à se mettre en quête d'une relation de sens. C'est donc la possibilité affirmée de donner du temps aux processus d'élaboration, c'est aussi la reconnaissance du projet d'apprendre élaboré par les élèves.

Les implications réciproques entre compréhension et construction

L'imaginaire de la compréhension adresse à l'imaginaire de la construction le message d'irréductibilité des pensées, des rêves, des doutes, des incertitudes du sujet dans une situation d'apprentissage ou de formation. C'est l'idée d'une reconnaissance du désir, de la curiosité mais aussi de l'angoisse et de l'attentisme.

L'imaginaire de la compréhension s'articule à celui de la construction non pas comme un lien logique mais plutôt comme un lien problématique.

Autant l'imaginaire de la compréhension valorise la continuité psychologique et émotionnelle de l'apprenant autant celui de la construction cherche à favoriser la confrontation avec les objets de savoir et donc à consacrer l'idée de rupture entre les connaissances préalables et les connaissances nouvelles.

Cette troisième partie offre un éclairage des différents imaginaires qui paraissent s'échelonner lorsque l'on parcourt la schématisation précédente (p. 55) mais qui, dans les faits, et du point de vue des interactions apprentissage-évaluation se chevauchent, cohabitent.

Nous verrons que chaque imaginaire et les pratiques qui en découlent n'appellent pas des mises à l'index de la part de l'évaluateur. Tout au plus, connaissant les enjeux qu'ils sous-tendent, l'évaluateur y recourt sciemment. Il est certain que l'influence de ces imaginaires appelle des nuances opératoires mais, que l'importance accordée aujourd'hui à l'évaluation formative ne devrait pas susciter des pratiques d'exclusion systématique pour les autres démarches.

1. L'IMAGINAIRE DE LA PERFORMANCE
2. L'IMAGINAIRE DE LA MAÎTRISE
3. L'IMAGINAIRE DE LA CONSTRUCTION
4. L'IMAGINAIRE DE LA COMPRÉHENSION

CHAPITRE

1

L'imaginaire de la performance

L'imaginaire de la performance se déploie dans une logique industrielle (Baluteau, 1993) avec la circulation des idées de réussite observable, de « bon produit », de compétition, de sélection. Ce terme utilisé aussi bien dans le domaine de la compétition sportive que dans celui du secteur privé de l'entreprise réfère à la production d'un score, d'un record et marque en quelque sorte le dépassement de limites. La performance c'est l'acte produit qui présente un caractère d'irréversibilité. Une trace ineffaçable conduisant à une catégorisation définitive : « bon », « excellent », « exceptionnel » et a contrario « médiocre »...

Le paradoxe de la performance réside dans le rapport entre l'acte ponctuel et le sens qu'il revêt. L'acte éphémère se charge de valeur, devient un événement symbolique autour duquel se cristallisent des jugements.

Dans le discours et les pratiques scolaires, l'imaginaire de la performance mobilise tout autant l'enseignant que l'élève. L'enseignant développe des attentes autour de la production de l'élève et s'intéresse au résultat en ayant soin de le mesurer à une norme, de le soumettre à une échelle. De son côté, l'élève s'efforce de bien répondre et s'inscrit dans un processus de fabrication sans connaître forcément les règles en jeu. L'implicite appelle un travail de décodage que certains accomplissent, ce qui revient à mettre en œuvre les conditions de la performance et à promouvoir un rapport de force entre élèves. Rapport de force qui s'exprime aussi dans la relation enseignant-élève. En effet, l'action est normée donc contrôlable et, par conséquent, soumise à la parole couperet ou à la parole reconnaissance :

- lorsque l'action est réussie, elle est valorisée par une note et suivie d'un discours appréciatif ;
- lorsque l'action est synonyme d'échec, elle accuse une double difficulté : la note basse est suivie d'une dévaluation sémantique. Et, l'on ne peut dire ce qui apparaît comme le plus difficile, la réception de la note ou celle du discours qui l'accompagne. Dans cette optique, la performance participe plus d'une logique du rapport de force, constamment réaffirmé par le critère suprême de l'excellence...

La vie de la classe est rythmée par un ensemble de productions et assortie du regard critique de l'enseignant, vie où plane la norme inaccessible. La réponse produite par l'élève, pour peu qu'elle s'écarte de la conformité appelle une mesure, installe la vérification. L'imaginaire de la performance inaugure la recherche de la précision de la mesure, de la certitude du regard. Cette rigueur fera l'objet de critiques : le désir d'objectivité que porte l'évaluation sommative se fissure avec les recherches docimologiques. De même, la violence symbolique des jugements générés par cette dévaluation est dénoncée.

L'ÉVALUATION SOMMATIVE

Avant tout l'idée de mesure....

Présent dans les mythologies les plus anciennes, et notamment, dans la mythologie égyptienne, le concept de mesure est ancré dans la culture occidentale. Déjà dans la Grèce antique, l'idée de mesure figurait dans les préceptes des sages. Le sanctuaire d'Apollon à Delphes portait sur son portique des inscriptions telles que : « de la mesure en toute chose ».

L'idéal grec de rationalité porté par un logos triomphant a généré un rapprochement, voire une confusion entre raison et calcul. La rationalité découlait des longues chaînes de raisonnement fondant la pensée de l'homme, et dont Protagoras a pu dire que l'homme était la mesure de toute chose. Penser équivalait à exposer une rhétorique tout en veillant à l'équilibre des arguments. Aujourd'hui, l'héritage est tel qu'il concerne la commensurabilité des choses, des événements. Cette idée s'est amplifiée et a gagné, avec l'instrumentalisation technique, de nombreux secteurs de la vie sociale si bien que l'on peut constater l' universalisation de la mesure.

1

PERMANENCE ET TRANSVERSALITÉ DE LA MESURE

Aujourd'hui, parler de mesure c'est insister sur l'idée d'un étalon, d'une norme sans lesquels la mesure serait impossible ou particulièrement difficile. Au XVIIIe siècle, elle fut le symbole du progrès scientifique puisqu'avec l'adoption du système métrique instaurée après l'expédition « la Méridienne », deux savants, Pierre Méchain et Jean-Baptiste Delambre, purent établir une unité de mesure qui allait effacer les spécificités en cours en 1792. L'empan, l'hommée mesure de la terre ; le setier, la mine, le boisseau utilisés pour le sel ; la pinte, la camuse, la roquille, la demoiselle, pour le vin, disparaissent au profit de l'uniformisation de la mesure. Cet héritage des lumières constituait un pas vers la justice et l'équité tant les mesures variaient d'une région à l'autre.

Depuis cette profonde transformation, la permanence de la mesure se remarque dans de nombreux domaines :

- musical : le métronome est un outil de contrôle du temps ;
- historique : la chronologie, les instruments de mesure du temps comme le cadran solaire, la clepsydre antique, le sablier, l'horloge à chandelle...
- artistique : les styles dits du miniaturisme, du monumentalisme. Le peintre tient compte du format de son tableau et du formant de l'espace pictural (géométrisme) ;
- météorologie : le thermomètre, le baromètre, le pluviomètre, l'anémomètre ;
- social et économique : le recensement de la population, la comptabilité ;
- éducatif : Binet publie en 1905 l'échelle métrique de l'intelligence ;
- pédagogique : la mesure des performances scolaires...

La pharmacologie, les mathématiques, l'architecture, le sport, l'informatique, les instituts de sondage pourraient aussi être évoqués...

Les métiers de la mesure dispensent un univers comptable doublé d'un langage spécialisé et centré sur les nombres. Cette tournure langagière s'observe au quotidien : la langage de la mesure synthétise nos façons de penser jusqu'à lui donner un apprêt rigide.

2

MESURE ET LANGAGE

Notre langue est riche d'expressions connotant la mesure, rivant nos manières de penser aux nombres. Si lors des échanges sociaux, il est fréquent d'entendre « prendre deux minutes, couper les cheveux en quatre, neuf chances sur dix, faire d'une pierre deux coups... », ces expressions structurent nos modes de compréhension et influencent nos façons d'agir. Ne s'intéresse-t-on pas à l'achat d'un objet lorsque la question « combien » que l'on adresse au marchand, est assortie d'une réponse qui n'offre pas un trop grand écart avec son estimation initiale ! Les compliments artistiques ne sont-ils pas liés à l'estimation connue d'une œuvre ? N'attribuons-nous pas une certaine respectabilité à un tiers lorsque sa situation professionnelle renvoie directement au montant de son salaire ? Avancer que ces remarques sont tendancieuses ne suffirait pas à gommer le peu de distance devant ces considérations !

Du point de vue éducatif, les conseils de classe, de cycle, d'école sont des lieux privilégiés d'échanges sur « ce qui compte », sur ce qui « a du poids » dans la prise de décision. Très souvent, les échanges informels entre enseignants, par économie de temps et de discussion, visent un élève numérisé. Ainsi, les qualités, les compétences, les savoirs acquis sont synthétisés en un chiffre et ces symboles peuvent tendre vers un langage expéditif, voire dépréciatif. Ainsi le langage chiffré opère un détournement de sens : le chiffre symbolise une rationalité qui s'établit à partir de propos expéditifs, rarement captés comme tels et promulgués comme parole de référence. L'irrationnalité qui sous-tend ce langage est rarement décryptée. Considérons les deux modes précédemment décrits.

Mode dépréciatif

- il vaut 4, 6, 8, 10, 12"
- il ne casse pas trois pattes à un canard
- il nage entre deux eaux
- son travail, c'est trois fois rien
- il brûle la chandelle par les deux bouts

Mode expéditif

- en trois coups de cuillère, il rend
- une fois pour toutes
- lui dire ses quatre vérités
- ne faire ni une ni deux
- de deux choses l'une, ou... ou...

Lorsque ces expressions sont utilisées pour évoquer le travail, l'investissement des élèves, ou leur niveau scolaire, elles sont redoutables. Les processus de décision révélés par le mode expéditif peuvent aussi faire l'objet de condamnations sans appel puisque l'élève dépasse la mesure !

Le langage de la mesure se développe surtout aussi autour de l'idée de moyenne. L'élève, se situe par rapport à la moyenne, tout comme l'enseignant ou le formateur peuvent donner un cliché du niveau de performance des élèves. La difficulté inhérente au langage chiffré, c'est qu'il glisse subrepticement vers le jugement de valeur.

3

MESURE ET JUGEMENT

La mesure conduit à poser des assertions qui ont valeur de jugements, à produire des actes de parole définitifs (Ricœur, 1995).

Déjà, au XIXe siècle, les naturalistes qui procédaient au classement des espèces mesuraient des écarts en terme de forme, de couleur, de taille. La tentation de classer les conduisit à étalonner les races sur une échelle de valeur. Ils produisirent une typologie des races par la mesure du poids moyen des cerveaux. Cette démarche lança Broca dans l'affirmation de l'existence d'intelligences différentes de 1100, 1200, 1300 cm^3, classement qui eut pour effet de favoriser le principe de la division et de cautionner les politiques esclavagistes et colonialistes.

La mesure parce qu'elle appelle la mise en ordre, la transparence, reserre, rigidifie le sens, et du sens établi au jugement il n'y a qu'un pas. Une telle pesanteur dans l'acte de mesurer persiste dans les situations scolaires. L'élève reçoit par le contrôle de son activité, non pas seulement, une note mais une note chargée de valeur, lourde d'estime, d'intérêt ou de déception. La note se teinte de jugement et intensifie le sens qui s'en dégage. Le jugement de valeur est problématique parce qu'on ne connaît pas l'origine de ce qu'il annonce : sont-ce une perception, un état d'âme, une impression fugitive qui le fondent ? Toujours est-il qu'il apparaît souvent difficile de lui substituer une explication rationnelle. Toutefois, Baluteau (1993) met en évidence la logique industrielle des conseils de classe, laquelle jaillit des attentes de l'institution en terme de travail et de capacités pour dénoncer l'étiquetage des élèves. Dès lors, « le glissement des actes aux personnes s'accompagne d'une transformation. Ce n'est pas un simple transport : le passage de la désignation des comportements à celle des êtres apporte parfois un surplus de sens à caractère moral » (p. 45).

Pourquoi sommes-nous arrimés aux jugements de valeur ? Est-ce là un archétype culturel ? Qu'est-ce qui assure la permanence de cet acte au point d'en trouver des traces dans la mythologie égyptienne ? Le lien était déjà présent entre la mesure et le jugement : la pesée des âmes était une phase essentielle du jugement des morts chez les Égyptiens.

LA MESURE ET LE JUGEMENT : UN HÉRITAGE MYTHOLOGIQUE

Le jugement des morts dans la mythologie égyptienne consistait en la pesée du cœur du défunt avant de le laisser accéder au royaume d'Osiris.

Le jugement faisait l'objet d'un décorum : Osiris, le grand Dieu siègeant, écoutait la prière du défunt qui adressait alors une « déclaration d'innocence ».

Puis, la pesée du cœur suivait. Une balance servant d'instrument de mesure portait sur son premier plateau une plume d'autruche tandis que le second accueillait le cœur du défunt. Le dieu Thot notait le résultat de la pesée.

Si le jugement était bon, le défunt adressait quarante deux prières aux quarante deux divinités de la grande salle.

Enfin, l'immortalité assurée, le défunt adressait une prière à Osiris.

(Cf. Lacarrière, 1995)

Cet héritage mythologique de la pensée juste n'est pas si éloigné de la pensée objective, rationnelle que met en exergue la démarche scientifique. C'est ainsi que la mesure et le jugement sont associés dans la démarche scientifique et évaluer équivaut à émettre une parole de certitude, à dire le vrai, à assurer l'objectivité. Anna Bonboir (1972) représente ce mouvement dans la recherche qui associe pédagogie et approche scientifique pour garantir l'objectivité des jugements : « Évaluer c'est porter un jugement. » La mesure parce qu'elle offre un langage quantitatif avec la notation est aussi classificatoire. En effet, comme l'échelle de notation est associée à une échelle de valeur, elle suscitera des glissements vers les jugements de valeur.

4

LA NOTATION ET LE JUGEMENT

La mesure appelle un acte de lecture normé doublé d'estime. En effet, la notation qui découle de pratiques de contrôle glisse vers le jugement lorsque l' échelle de notation renvoie vers une échelle de valeur. Le langage quantitatif articulé au langage classificatoire conduit au jugement de valeur. Ce déplacement du symbole (représenté par la note) vers le symbolique apparaît d'autant plus problématique que n'importe quel élève, n'importe quel adulte peut établir les correspondances suivantes.

20/20 → Très bien, très satisfaisant, excellent

15/20 → Bien, satisfaisant

10/20 → Correct, convenable, moyen, passable, tout juste

05/20 → Faible,insuffisant,médiocre

00/20 → Très faible, très insuffisant

Lorsque la note dépasse la barre symbolique du dix ou qu'elle se situe entre 15 et 20, le renvoi positif ne fragilise pas l'élève même si l'appréciation correspondante est vague. Ce cas de figure n'exclut pas que l'élève s'interroge sur la signification d'une note et de son appréciation. Néanmoins, le problème devient crucial lorsque la note chute et que le renvoi négatif qu'elle provoque prend une forte connotation qui place, fixe, fige l'élève. Derrière ces formules abstraites, généralisantes et désincarnées, une conception stéréotypée est censée expliciter la notation.

Les jugements de valeur opèrent un glissement de la copie rendue, du travail effectué à la personnalité de l'élève. Il y a confusion entre le produit et la source : entre l'objet et le sujet. On assiste alors au phénomène de halo qui brouille l'interprétation et laisse circuler des connotations plus ou moins opportunes. L'amalgame qui en résulte peut conduire à des effets de dévalorisation, de découragement, d'échec scolaire tant la valeur informationnelle plutôt pauvre des appréciations masque les difficultés réelles de l'élève.

Le jugement professoral, présenté ici du point de vue de la notation s'étaye également sur les fiches de renseignements que demandent les enseignants à leurs élèves en début d'année lors du rituel du premier contact. Dans cette même perspective, les dossiers scolaires sont consultés en conseil de classe (Merle, 1996).

5

LE CRITÈRE DE L'EXCELLENCE SCOLAIRE

L'excellence scolaire, comme attente institutionnelle, allie l'implicite et les manisfestations ostensibles. Promue lors des remises de prix, l'excellence scolaire consacre les élèves qui ont su répondre aux attentes du système. Lorsque l'excellence est un critère de reconnaissance et de validation, elle ne dit rien d'autre que son attachement aux résultats brillants, solides, exceptionnels dont font preuve une minorité d'élèves. A contrario, elle situe d'autres élèves dans la médiocrité, renvoyés dans les coulisses du savoir puisque ce degré d'accomplissement élevé reste hors de leur portée. Pour l'institution, l'excellence scolaire rend compte de la perfection recherchée, de la mise en scène de l'élite. Lorsque ce but est atteint, l'institution se charge de mettre en œuvre, au travers de rituels de reconnaissance, une forme de distinction (Bourdieu, 1979) qui marque l'élève d'un certain prestige : tels apparaissent les remises de prix, les voyages offerts aux élèves ayant décroché un accessit...

De façon moins spectaculaire, l'excellence scolaire plane lors des contrôles dans le cérémonial plus ou moins imposé par la situation : silence, regards sans paroles, investissements plus ou moins denses, pas égarés de l'enseignant, consigne lue sur un ton solennel, regards croisés entre élèves....

Lorsqu'une production est jugée excellente c'est que son auteur a réussi au moins sur deux plans : en décodant un certain nombre de signes restés implicites et qui renvoient à sa culture générale et, en jouant savamment avec le texte du savoir. Pour Perrenoud (1984), « la norme d'excellence fonctionne donc non seulement comme critère d'évaluation d'une pratique actuelle, mais comme objectif en principe mobilisateur. Ce qui suppose l'envie de l'élève de devenir excellent, soit pour la satisfaction intrinsèque de maîtriser une pratique difficile, soit en raison des avantages matériels et symboliques qu'il en tire » (p. 41).

L'excellence scolaire se déploie sur fond d'imaginaire de la performance de sorte que les comportements scolaires, reconnus comme exceptionnels, sont honorés au point que les élèves, distingués par les enseignants, ne peuvent que surenchérir. Les gestes évaluatifs fonctionnent bien selon la logique de l'imaginaire instituant/institué (Castoriadis, 1975).

6

LES FAILLES DE L'ÉVALUATION SOMMATIVE

Alors que la mesure pouvait apparaître comme une pratique fiable, assurant une démarche rigoureuse, elle présente un certain nombre de failles quant à l'objectivité de sa démarche. Les recherches docimologiques critiquent l'arbitraire de la notation. L'évaluation-mesure, au banc de la docimologie, perd son autorité.

La docimologie, (du grec *dokimê*, épreuve) fondée par Piéron en 1923, désigne l'étude des examens, des pratiques de notation, des facteurs subjectifs, de l'influence des examinateurs. La docimologie réfute l'arbitraire auquel conduit l'examen loterie (Piéron, 1963). Les questions de fidélité, de validité, de sensibilité de la note mettent en évidence la qualité recherchée dans les pratiques de notation.

Les docimologues posent trois questions concernant :

- La **fidélité** de la note : la note est-elle le reflet du travail attendu ?

- La **validité** de la note : est-ce que la note correspond à ce que l'enseignant cherche à évaluer ?
- La **sensibilité** de la note : la note ne couvre-t-elle pas des éléments singuliers dans la copie, y a-t-il surestimation ? sous-estimation ?

Nombreux sont les auteurs à revenir sur ces points (Abernot-1988, Bonniol-1981, Cardinet-1992, Hadji-1992, Landelle-1988, Noizet et Caverni - 1978, Parisot-1988)...

Quelques précisions sur :

- L'effet d'ordre : les copies en début de pile bénéficient de la tempérance de l'évaluateur, les dernières sont sous ses feux !
- L'effet de contraste : l'évaluateur procède à un jugement comparatif lorsqu'il rencontre une copie qu'il considère comme représentative, celle-ci joue un rôle d'ancre c'est à dire qu'elle place l'évaluateur dans un processus de différenciation positive ou négative.
- Les variables choc telles l'idée géniale ou les fautes d'orthographe influencent le correcteur. Ainsi, le fait de retrancher deux points à une copie est courant !

Ce schéma n'intègre pas les questions d'humeur ou de fatigue du correcteur. Les dimensions idéologiques qui émergent lors d'oraux d'examens ne sont pas mentionnées. Ainsi, les anecdotes du baccalauréat de français pourraient figurer dans le livre d'or des situations d'examen : une lecture marxiste, attendue de façon implicite par l'examinateur, alors

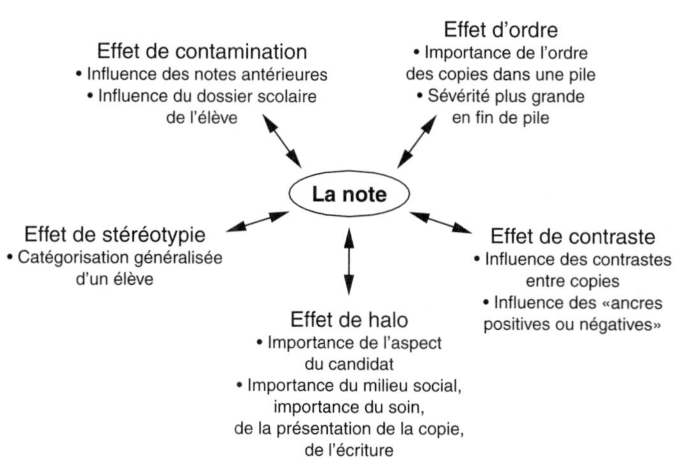

FIGURE 4
Les biais de la notation

que le candidat développe une approche esthétique du texte littéraire, provoque sa déstabilisation. Se sentant piégé par l'examinateur dans son interprétation de Madame Bovary, le candidat décode à la fin de l'entretien les attentes de ce dernier. Cette dimension irrationnelle fait vaciller le principe de l'interchangeabilité des correcteurs lors des examens !

L'influence des biais dans les pratiques de notation constitue un argument essentiel dans la critique de l'évaluation sommative. Pour pallier ces failles, des investigations scientifiques ont permis de limiter les dysfonctionnements. Plusieurs solutions furent proposées :

- procédures de repêchage ;
- harmonisation des notes ;
- standardisation des examens avec des questionnaires fermés, semi-ouverts, des tests...
- procédures de modération, double correction (cf. Barbier, 1985).

Renversant la perspective, Piéron s'est intéressé aux variables qui influaient sur la performance :

- le niveau des candidats ;
- le degré d'exigence des examinateurs ;
- les divergences d'appréciation de ceux-ci ;
- la nature et la difficulté des examens (p. 95).

D'autre part, les docimologues pointèrent la « tendance centrale » des évaluateurs à répartir les notes autour de la moyenne. Cette répartition massée autour du centre de l'échelle de notation est connue sous l'aspect de la courbe de Gauss (forme en cloche). La courbe de « Gauss » rend visible la ventilation des notes : quelques notes sont faibles ou très bonnes et, en cela, on peut noter une certaine symétrie tandis que la majorité des productions avoisine la moyenne. Cette distribution, ancrée dans les pratiques de notation des enseignants, assure les gestes de la mesure. Plus important, cette répartition maintient l'imaginaire de la performance dans les situations de production scolaire.

Cette courbe a fait l'objet de considérations nouvelles. Ainsi, Huberman (1988) préfère lui substituer la courbe en « J » qui symboliserait une élévation des notes et une répartition plus sensible vers la réussite. Le « J » inaugure la disparition de la symétrie « faibles scores / bons scores » et contrecarre ainsi la bipolarité du jugement. Mais une telle conception reste encore lettre morte tant les pratiques de notation assurent le pouvoir de l'évaluateur. Ranjard (1984) dresse le portrait de l'évaluateur animé d'un désir de toute puissance. « Ce plaisir, c'est le plaisir du Pouvoir avec un grand P. L'enseignant est le maître absolu de ses notes, personne au monde, ni son directeur, ni son inspecteur, pas même son ministre, ne peut rien sur les notes qu'il a mises. » Cette dénonciation est-elle encore de mise aujourd'hui ? Les pratiques de notation, parce qu'elles s'inscrivent dans des transactions, apparaissent moins assurées et l'évaluateur interpellé par les dimensions interpersonnelles ou sociales, est aussi pris de vertige.

Dans les pratiques quotidiennes de notation, les arrangements évaluatifs constituent des enjeux de négociation avec la classe et assurent aussi la survie de l'image institutionnelle du professionnel qu'est l'évaluateur. L'enseignant ne comptabilise pas une mauvaise performance au moment où il procède à la moyenne des contrôles dans sa discipline. Il assoit auprès de ses élèves l'image d'un professeur compréhensif devant les aléas scolaires. Par ailleurs, il évite la contestation, en ajustant une note discutée par l'élève dans la mesure du possible pour préserver sa légitimité institutionnelle. « Il s'agit de présenter une moyenne et une distribution des notes en partie conforme aux normes de la discipline, de la section d'enseignement et de l'établissement. » (Merle 1996, p. 80). Les stratégies des enseignants, qui évitent toute contestation susceptible d' assombrir leur réputation de « professeur juste », sont complexes.

Toutefois, les critiques scientifiques n'ont pas entamé la force de l'évaluation mesure. Au sein même du monde scientifique, les tests se développent avec l'approche psychométrique.

La psychométrie comme mesure des performances

Alfred Binet (1857-1911) fondateur de la pédagogie scientifique, observe ses propres filles Elise et Madeleine et publie l'étude expérimentale de l'intelligence. En 1905, les premiers tests font leur apparition. Ces tests mesurent les performances intellectuelles des sujets afin de les réorienter vers des structures plus pertinentes. Les tests s'appuient tout autant sur une intention scientifique que politique. En effet, c'est le ministère de l'éducation publique qui charge Binet « de mettre au point une méthode permettant de détecter les enfants anormaux… le test psychologique ouvrait une possibilité nouvelle de gérer les populations de l'état. »

(Monnier, 1987)

Vigoureusement dénoncés par Vygostky, il y a cinquante ans, les tests psychométriques sont toujours d'actualité. Plus récemment, Cardinet (1989) distingue l'intérêt scientifique de telles recherches de leur pertinence au plan pédagogique. Autrement dit, ces recherches scientifiques sont peu opérationnelles sur le terrain scolaire.

À l'issue de cette présentation de l'évaluation sommative, l'importance de la mesure est un fait établi tant elle symbolise l'objectivité, la rigueur, la précision et cela malgré les nombreuses recherches sur l'évaluation. Clé de voûte de l'évaluation scolaire, elle assigne la vie de la classe à des temps forts dont les contrôles, les tests psychologiques sont les symboles. La docimologie a renforcé et légitimé « scientifiquement » une conception de l'évaluation détachée de l'acte d'éducation proprement dit » (Parisot, 1988, p. 54). Même si les auteurs sont nombreux à dénoncer ses limites, elle reste, dans les mentalités et dans les pratiques, un révélateur puissant qui démontre et qui prouve.

CHAPITRE

2

L'imaginaire de la maîtrise

Trop marqué par son aspect sélectif, le système éducatif tend à développer le principe de l'égalité des chances et à le mettre en œuvre dans les pratiques de classe. L'aménagement de ce principe présuppose une plus grande maîtrise de l'action pédagogique, maîtrise qui deviendra un maître mot.

Désormais, l'imaginaire de la maîtrise couronne l'idée d'efficacité pédagogique dans l'organisation du processus d'enseignement-apprentissage. Les considérations sociologiques tout autant que démocratiques, avec l'accès à l'éducation pour tous, influencent les pratiques pédagogiques tournées vers la reconnaissance des différences individuelles et, ainsi, vers l'approche différenciée des contenus de savoir.

L'imaginaire de la maîtrise reflète l'ambition légitime que poursuit tout enseignant ou tout formateur : offrir la possibilité à l'apprenant de progresser dans son parcours d'apprentissage et de réussir son itinéraire grâce à une gestion de sa progression. C'est donc l'affirmation double d'une conception plus incarnée de l'apprentisssage et d'une conception plus volontariste, plus interventionniste de l'enseignant.

Il n'en demeure pas moins que l'action pédagogique laisse flotter un imaginaire procédural, imaginaire de la rationalité fondé sur la recherche de l'information et la prise de décision. Imaginaire du tout organisé autour du savoir et de sa mise en scène. Dans cette logique, le praticien part d'une définition du savoir fondamental qu'il décompose en unités d'apprentissage par l'intermédiaire d'objectifs. Selon Hameline (1990), le terme d'objectif « fait plus efficace, plus précis, plus résolu, plus calculateur, plus réaliste, moins vélléitaire, moins utopiste ou idéaliste ».

Il s'agit plus comme le note Huberman (1988) d'un modèle explicité d'enseignement et d'un modèle implicite d'apprentissage. Du coup, un raccourci est entretenu entre le découpage des contenus, la progression-planification des notions à acquérir et l'activité de l'apprenant. La prise en compte des composants du savoir vient combler en quelque sorte le vide conceptuel autour de l'activité de l'élève. Ce dernier apparaît comme un figurant, pris en charge par l'enseignant qui s'aide, à son tour, d'une technologie pédagogique. La pédagogie par objectifs garantit la maîtrise des processus d'acquisition et décharge l'élève du fardeau de l'apprentissage, ce dernier n'a qu'à suivre le parcours linéaire établi par l'enseignant.

Puisque l'objectif qu'assigne le système éducatif à ses agents, c'est de faciliter l'atteinte d'un niveau de performance établi par rapport à un savoir fondamental, l'évaluation joue alors un rôle de prise d'informations des acquisitions des apprenants. L'écart qu'elle met en évidence entre la production du sujet et l'exigence fixée par la norme, sera rectifié par des pratiques de remédiation. En incitant à un retour sur la difficulté, la remédiation vise la réduction de l'écart à la norme. Il ne s'agit plus simplement d'un constat mais plutôt de viser une amélioration, un perfectionnement. Stufflebeam (1980) résume cette idée : « not to prove but to improve ».

Des cycles courts de retour vers des tâches similaires sont proposés en fonction d'objectifs fragmentés établis par l'enseignant. L'enseignant-évaluateur apparaît alors comme un gestionnaire, grand décideur et pourvoyeur de remèdes pédagogiques. Les connaissances de base servent à définir les parcours d'apprentissage.

Au quotidien, pour l'apprenant, le discours de la maîtrise semble d'une autre teneur. La préoccupation affichée autour de la moyenne révèle l'existence d'une norme distincte, « avoir la moyenne », de celle véhiculée par l'expert. Cet objectif que poursuit naïvement l'apprenant marque un décalage avec les attentes pédagogiques.

L'imaginaire de la maîtrise c'est la recherche de la certitude, la volonté de réassurance et de progrès dans l'apprentissage. Cette quête résonne différemment selon que l'on est apprenant ou enseignant.

L'ÉVALUATION-REMÉDIATION

L'évaluation au service de la remédiation répond aux difficultés rencontrées par l'apprenant sur un double plan :

- le premier, présenté au chapitre 1, concerne l'évaluation sommative qui, cette fois-ci, apparaît comme une mesure comparative.

Distincte de la mesure quantitative et classificatoire propre au contrôle, l'évaluation-remédiation peut intervenir en début ou en fin d'apprentissage. L'évaluateur met en œuvre des opérations de comparaison et sensibilise l'élève aux constrastes, sinon à l'écart qui le sépare de la norme ;

- le second est spécifique et relève de la rétroaction, du retour à l'origine du problème.

L'évaluation-remédiation est donc encore régie par la mesure même si elle s'apparente à la gestion de la mesure puisqu'elle permet d'opérer un retour sur une action non maîtrisée, un savoir non acquis, un exercice échoué. Cette reprise tend à régulariser les dysfonctionnements notés. Les idées de progrès, d'amélioration, de perfectionnement l'emportent sur le simple constat et la part décisionnelle de l'évaluateur est soulignée (Stufflebeam, 1980).

1

QUELS CHANGEMENTS DANS L'ÉVALUATION ?

L'évaluation-remédiation est fondée sur un processus décisionnel au cours duquel l'enseignant veille

- à assurer une prise d'informations sur le degré de maîtrise de l'élève par rapport à un savoir ;
- à identifier les dysfonctionnements, les manques par rapport à son modèle de référence ;
- à réorienter l'élève sur tel ou tel aspect d'un savoir.

Cette triple vigilance correspond aux trois étapes dégagées par Linda Allal (1979) en terme de recueil d'informations, d'interprétation des données et d'adaptation des activités pédagogiques. Le changement décisif apparaît dans l'idée que le retour sur l'origine de l'erreur permettra à l'élève de progresser, d'améliorer ses résultats. Désormais, l'évaluation dépasse le stade du constat pour réorienter l'apprenant, pour permettre une amélioration, un rattrapage de ce qui est encore échoué ou en cours d'acquisition. L'enseignant figure comme un expert, qui adopte la posture de pisteur/talonneur, suivant le pas à pas de l'élève. Non seulement, il crée la situation d'évaluation, mais aussi, à partir des écarts constatés, il construit la stratégie de remédiation. Convaincu de l'existence d'une trajectoire dans l'apprentissage, il envisage les possibles mouvements de l'élève.

1.1 – Prise d'informations et quantification des données

Les exigences de fidélité de mesure qui s'exprimaient avec l'approche psychométrique (mesurer les performances des personnes, cf. test de l'intelligence de Binet-Simon) sont généralisées au champ éducatif. L'évaluation est toujours une affaire de rationalité, de scientificité, de rigueur. Toutefois, les méthodes affichent une complexité que seuls les spécialistes ou chercheurs peuvent décrypter. On parle alors de pédagogie scientifique (Mialaret, 1967), de méthodes de tests en pédagogie (Bonboir, 1972). L'évaluation se conjugue à l'étude quantitative de productions scolaires, de tests centrés sur des objectifs d'apprentissage. L'expérimentation massive des tests permet de discriminer les objectifs atteints de ceux qui ne le sont pas.

L'approche édumétrique, « mot créé par Carver (1975) sur le modèle de psychométrie, pour désigner l'étude quantitative des variables relatives aux apprentissages suscités par l'éducation » (De Landsheere, 1988), consacre l'évaluation comme mesure.

L'instrumentation scientifique caractérise une conception objective de l'évaluation. Elle tire sa légitimité d'une méthode qui recherche la fidélité de la mesure, laquelle joue une rôle de loupe en réfléchissant les écarts à la norme. Cette répercussion de l'information permet alors à l'enseignant d'envisager des rétroactions.

L'INSTRUMENTATION SCIENTIFIQUE AU SERVICE DE L'ÉVALUATION-REMÉDIATION

Pour Bonboir (1972) l'évaluation sert à :

- « faire un bilan de ce qui est obtenu, comparativement à ce qui est attendu ;
- rendre optimale une progression en contrôlant les étapes successives ou en faisant une vérification continue ;
- juger de l'opportunité qu'il y aurait de préparer certains sujets pour une tâche définie, dont on connaît les exigences : sélectionner les sujets, organiser un programme de préparation ; opérer des ajustements dans le déroulement de la tâche ;
- juger de la relation formateur-formé pour ajuster les interventions ;
- juger les conditions offertes par l'institution… » (p. 22).

Si l'évaluation est encore de l'ordre du contrôle, elle a une fonction de rectification, de correction en opérant un trait d'union entre la tâche et la difficulté sur laquelle bute l'élève.

2

CHAUSSER LES LUNETTES CORRECTIVES

Lorsque l'enseignant chausse les lunettes correctives, il sait déjà qu'il va détecter l'erreur, déceler son origine comme on dépiste les maladies. Son regard est orienté vers les faux pas scolaires. Son attitude peut traduire une absence de questionnement sur la signification de la réussite tant ce qu'il poursuit c'est l'erreur. Bien sûr, le trait est quelque peu forcé dans cette façon de présenter son inclination, mais il reste que l'idée négative d'un dépistage guide son regard. Pourtant, Bastien (1987), ayant remarqué qu'un enfant peut réussir un exercice sans pour autant qu'il ait compris la notion dont l'exercice est porteur, alimente notre propos. Le correcteur, alerté par le fait qu'une réussite apparente cache peut-être une difficulté de conceptualisation, passerait moins vite sur la performance. N'empêche que le penchant correctif semble l'emporter le plus souvent et que l'identification de l'erreur réalisée, le praticien fixera un parcours de remédiation.

Deux métaphores illustrent la remédiation.

- Première métaphore :

LE JEU

Il s'agit pour un joueur, engagé dans un jeu de société de faire avancer son pion sur le parcours prévu afin d'atteindre la cible le premier. Si le joueur tire une mauvaise carte ou tombe sur une case fatale, il glisse son pion jusqu'à la case départ. Quelle déception pour lui ! Il essaiera, par la suite, de récupérer son retard avec force théatralité : invocations à la chance, souffle sur les mains, regard combatif envers l'adversaire...

Laissons échapper deux remarques.

- Ce jeu de hasard ne recouvre pas les situations d'apprentissage. Toutefois, l'analogie avec les démarches d'évaluation est possible : ne peut-on pas affirmer leur dimension aléatoire ? En effet, lorsque le joueur tire une carte, il est soumis à une question qu'il comprendra plus ou moins, voire qui l' induira en erreur par sa formulation. Tout comme le joueur, l'élève peut vivre la même situation. L'évaluateur risque de conclure prématurément à l'inaptitude du sujet au lieu de revoir l'inaccessibilité de la consigne.
- D'autre part, ce clin d'œil ludique tente de mettre en évidence l'idée que le joueur, ayant tiré une mauvaise carte, revient au point de départ initial tout comme l'élève retournerait au début d'un apprentissage. L'apprentissage conçu selon un début et une fin promeut l'idée d'un commencement et d'un aboutissement

dans la maîtrise. Cette métaphore permet de soulever la question centrale en évaluation-remédiation des connaissances de base ou pré-requis comme éléments incontournables dans l'appropriation d'un savoir. Ce présupposé est constesté par la recherche. Cardinet (1988) tranche la question en déniant aux pré-requis le caractère d'éléments déterminants dans un apprentissage tout en reconnaissant l'aspect facilitateur qu'ils présentent.

- Seconde métaphore :

LA REMONTÉE DU PLONGEUR

Comme le plongeur qui remonte à la surface et respecte les paliers de décompression en venant des profondeurs de l'eau, faute de quoi sa vie serait menacée, l'élève suivrait des paliers d'apprentissage. Sans encourir les mêmes risques, l'apprenant respecterait les bornes balisant son chemin d'apprentissage, passage obligé que l'enseignant configure à son intention.

Si tel exercice n'est pas réussi c'est que tel élément du programme n'a pas été acquis. La logique de la reprise d'éléments vus antérieurement permettra de « consolider des bases faibles ». La remédiation renvoie l'enseignant à son programme, non pas pour reconsidérer l'objectif défini — la position adoptée reste la même — mais afin d'organiser un fléchage optimal dans la réorientation de l'élève. L'enseignant dans sa posture d'évaluateur gèrerait un bêtisier pour y repérer les pré-requis en souffrance.

La réorientation sur un point particulier amène l'élève à revoir une notion, à s'y accrocher afin d'atteindre la maîtrise souhaitée. Les temps de récréation, souvent volés à l'élève, sont utilisés par l'enseignant qui souhaite que ce dernier rattrape au plus vite son retard ! Et l'élève, de son côté, n'aspire qu'à une chose : en finir au plus vite. Pour l'apprenant, la remédiation revient **à faire des gammes**, à faire et à refaire tant que la norme n'est pas maîtrisée. Il lui suffit de suivre la prescription. Parce qu'elle a été pointée le plus souvent sous son aspect négatif, l'erreur fera l'objet d'un surinvestissement.

Reprenons, ici, la conception de l'erreur présentée dans la première partie :

- l'erreur marque un écart à la norme
- l'erreur marque un arrêt dans la trajectoire de l'action
- l'erreur a une origine
- l'erreur constitue un vide, un manque
- l'erreur est dépistée par l'enseignant
- l'erreur est une erreur type appelant un corrigé type
- l'erreur appelle un remède
- l'erreur porte sur une composante du savoir
- l'erreur peut être répertoriée dans une cartographie des erreurs.

L'idée que l'erreur produite est en quelque sorte une erreur type qui appelle un corrigé type implique un principe de transparence du cheminement de l'élève. L'idée d'une visibilité de l'action assure l'enseignant d'une possible maîtrise des ressorts de l'apprentissage. Cette conviction le conduit vers la logique du tout gestionnaire. Or, selon Bachelard (1971), l'erreur est un « trop plein de sens » et donc figure comme l'expression d'un sujet singulier. Parler d'un corrigé type ne peut permettre à l'apprenant de réagencer ce trop plein de sens. Il y aurait décalage entre l'erreur de l'apprenant et la réponse canonique apportée. La logique du savoir ne peut masquer la logique hétérogène du sujet dans l'apprentissage.

L'évaluation-remédiation présuppose, en amont, un travail de mise à plat des erreurs, alors assemblées en une cartographie. On peut distinguer une dominante nosologique dans l'approche de l'erreur. Habituellement utilisée dans le domaine thérapeutique, la nosologie ou classification des maladies, prend dans le champ pédagogique l'allure d'une démarche curative. Et la valeur curative de la répétition influencerait les progrès de l'apprenant. L'évaluation-remédiation place l'enseignant dans le rôle inédit du guérisseur fournissant la posologie attendue. Reprenant ce scénario, Barlow (1999) défend l'idée d'un traitement pédagogique souple : « une ordonnance pédagogique entendrait, au contraire, guider l'action attendue de l'élève et lui indiquer avec précision un traitement en fonction du diagnostic établi. Bien entendu, comme en médecine, ce traitement, adapté au cas de chacun, serait mis en place en accord avec lui : il s'agit d'aider la personne à répondre à sa propre demande — et non de décider à sa place quoi que ce soit. » (p. 77). Une telle démarche nécessite un autre rapport à la situation d'apprentissage. Nous retrouverons une possible mise en œuvre de ces propos avec l'évaluation formative (voir chapitre 3).

En fait, une technologie éducative l'emporte si bien qu' une ingénierie assure les gestes professionnels de l'enseignant.

3

LES CRITÈRES EXEMPLAIRES DE LA MAÎTRISE

Lorsque l'évaluateur reçoit une production scolaire, il peut décider d'une réorientation du travail de l'élève à des fins de perfectionnement si deux critères exemplaires, au sens où ils sont pensés comme incontournables, ne sont pas respectés. Porté par l'imaginaire de la maîtrise, l'enseignant se réfère aux critères d'exactitude et de complétude. Tant qu'une production scolaire est évaluée comme non conforme à la norme, l'enseignant se reporte aux critères normatifs qui jouent un rôle d'argument dans la prise de décision. Et le perfectionnement qui s'en suit constitue, pour l'élève, une seconde chance de correspondre à la norme.

Les critères d'exactitude et de complétude rappellent une tradition de pensée héritée d'Aristote et de Descartes. La logique formelle d'Aristote est structurée autour des principes de non contradiction, de tiers exclus, et d'identité qui assurent l'immuabilité de la rationalité. Le principe d'identité intéresse le plan scolaire puisqu'il impose la prééminence du rapport d'équivalence et assoit l'autorité du modèle, autant de dimensions synthétisées dans le critère d'exactitude. L'élève sait que l'attend une confrontation impartiale plutôt que souple. L'élève sait aussi qu'il en sera de même pour le critère de complétude, valeur absolue en évaluation, renvoyant au principe d'exhaustivité que Descartes formula dans son quatrième précepte de la méthode, « faire partout des dénombrements si entiers et des revues si générales que je fusse assuré de ne rien omettre ». L'apprenant est donc convié à ne rien oublier, à s'assurer qu'il a « bien répondu à tout ». Ces deux principes, clefs de voûte de la pensée rationnelle, visent une certaine conformité. L'évaluation-remédiation dans les critères qu'elle promulgue ne dit pas autre chose. Et si l'enseignant, se réfère aux taxonomies (échelles d'objectifs dont la plus connue est celle de Bloom), c'est avec l'idée que pour passer d'un palier à l'autre (d'une opération cognitive à l'autre), l'élève doit avoir fait la preuve d' une « certaine maîtrise ».

4

LES ÉVALUATIONS INSTITUTIONNELLES

Les évaluations institutionnelles sont des épreuves nationales standardisées, illustrations parfaites de l'évaluation-remédiation. Elle donnent une photographie de l'état des connaissances des élèves, de la maîtrise des savoirs disciplinaires. Voici ce que l'on trouve dans les livrets d'accompagnement de l'évaluation au CE2 et de celle du collège : « un outil de diagnostic individuel, vous... (permet), dès la rentrée scolaire, d'identifier les acquis et les faiblesses de chacun des élèves de votre classe ; ... d'adapter vos stratégies pédagogiques à la nature des difficultés repérées » (M.E.N, p. 1, 1994).

Placées en début d'année scolaire, elles ont une fonction diagnostique et de ce fait, constituent pour chaque enseignant, pour chaque chef d'établissement une cartographie de la maîtrise du savoir scolaire. Toutefois, l'évaluation institutionnelle a un aspect unidimensionnel de par sa diffusion à l'ensemble des écoles. Cette généralisation soulève un certain nombre de questions de la part des enseignants qui éprouvent un malaise lors de la passation de ces épreuves. Ils soulignent leur caractère généraliste et dénoncent leur aspect redondant par rapport à leurs propres évaluations, même si par ailleurs, les résultats sont plus précis. Le point de vue de Thélot (1994) sur cette question est différent, il considère l'intérêt d'une telle démarche pour les pratiques pédagogiques. Ainsi, les enseignants peuvent « se servir de l'évaluation pour faire le point, pour orienter les façons de faire, pour définir des sous-groupes, pour faire face à l'hétérogénéité des élèves, en somme pour adapter et rendre plus efficaces leurs pratiques pédagogiques » (p. 105). Ces deux points de vue ne sont pas contradictoires.

D'autre part, la forme de l'évaluation peut induire le type de réponse si bien qu'à la suite d'une évaluation positive, on ne peut dire si l'élève a compris le problème en mobilisant les compétences nécessaires à sa réalisation (Cardinet, 1992). L'évaluation institutionnelle ne lève pas cette ambiguïté.

4.1 – L'évaluation à froid ?

Les évaluations institutionnelles ont une visée diagnostique et ressemblent à une évaluation à froid qui ne permet pas aux élèves de se préparer ni d'être impliqués dans la tâche. Voyons ces deux points :

- la préparation de l'élève concerne son investissement psychologique souvent lent à émerger tant la rentrée scolaire est proche ;
- l'implication dans l'action est faible puisque l'élève ignore ses enjeux, l'intérêt qu'elle peut revêtir pour lui.

Agissant sur l'immédiateté, la ponctualité, l'évaluation-diagnostique résonne comme une injonction de faire. Pour comprendre les problèmes que soulève cette démarche, changeons de domaine et intéressons-nous au sport.

Dans une compétition, le sportif veille à sa préparation physique et mentale et il ne lui viendrait pas à l'idée de se lancer sans échauffement, sans préparation mentale, sans connaissance des enjeux de l'action. Il suffit d'observer les skieurs qui s'apprêtent à s'élancer dans une descente pour les voir simuler les gestes de descendeur, chercher la posture idéale, retrouver une mouvance, se fléchir, cligner des yeux comme pour mieux intérioriser le parcours. Ils se rappellent tous leurs gestes, les retrouvent, les réinscrivent pour être prêts.

Sur le plan éducatif, l'évaluation diagnostique prend l'élève en défaut de connaissance, le surprend, apparaît comme un **radar scolaire**.

Si l'évaluation institutionnelle pose le problème de la validité de ce qu'elle annonce en arrivant très tôt dans le parcours scolaire (dès les premières semaines de la rentrée) ou trop tôt dans un apprentissage, elle retient notre attention dans son désir de visibilité et de dépistage des anomalies.

L'évaluation-remédiation opère un tournant par rapport à l'évaluation sommative, ce n'est plus tant l'élève comme personne qui est évalué mais le résultat de son activité. Seulement, les rétroactions porteront plus sur l'action que sur l'activité de l'élève. En effet, l'action consiste en une situation déjà connue de l'élève au cours de laquelle il tente, avec les outils qui sont à sa disposition, de refaire ce qu'il a échoué. Il s'agit en quelque sorte de faire à nouveau pour que l'amélioration se produise. La remédiation, dans ce cas, est inscrite dans un même contexte d'apprentissage, ce qui pour Allal (1981) constitue une limite tant la remédiation apparaît identique, stéréotypée puisqu'elle est la même pour plusieurs élèves. « Les informations recueillies ne permettant pas en général, un vrai diagnostic des facteurs qui sont à l'origine des difficultés d'apprentissage de l'élève. » (p. 140).

Nous verrons, dans la troisième partie, comment la conception de la régulation de l'activité de l'élève implique la mise en jeu de nouveaux contextes d'apprentissage.

5

QUESTIONS À PROPOS DE L'ÉVALUATION-REMÉDIATION

L'évaluation-remédiation présuppose une phase de prélèvement de l'information suivie par une phase de traitement, elle intègre donc un diagnostic.

Souvent présentée sur l'axe temporel, l'évaluation diagnostique se situe en son début. Symétrique par rapport à l'évaluation sommative qui intervient en fin de parcours, elle relève comme cette dernière du contrôle ponctuel. L'évaluation diagnostique réfléchit les lacunes de l'élève et informe l'enseignant qui peut ajuster son action pédagogique. Mais, cette démarche pose un problème de validité de ce qu'elle annonce, aussi est-on conduit à « réserver son diagnostic » et à relativiser son « verdict ».

5.1 – Standardisation de la remédiation

Allal (1981) note l'aspect prototypique des remédiations dans les « moyens partiellement standardisés ». On présuppose que ces remédiations auront un rôle de reconfiguration, rôle toutefois limité puisque les situations prévues sont similaires et ne tiennent pas compte de l'irréversibilité des processus réflexifs. De nouveaux contextes d'apprentissage seraient plus décisifs. Il y a, derrière cette demande, la prégnance d'un modèle de l'information à partir duquel il suffit de réinjecter des données pour qu'elles s'intègrent naturellement. La logique de fonctionnement de l'apprenant, plus complexe, ne peut être réduite à la métaphore cybernétique.

L'alignement de l'activité sur la difficulté resserre le sens de l'action. L'élève est comme déposé sur le site de l'erreur, il ne pourra en réchapper qu'à la condition qu'il arrive à dépasser l'obstacle sur lequel il bute.

5.2 – L'origine du dysfonctionnement

Si l'évaluation remédiation permet d'identifier à quel point du programme l'élève est arrêté, elle fait apparaître des lacunes. L'objectif de dépistage qu'elle affiche semble annoncer la transparence dans le processus d'enseignement-apprentissage. Pourtant, l'éclairage donné concerne plus le résultat de l'action que son déroulement. En effet, la recherche de l'origine des problèmes consiste à identifier l'objectif non maîtrisé et cette identification entretiendrait l'idée d'une équivalence possible entre l'objectif non atteint et les difficultés rencontrées par l'élève. L'enseignant risque d'amalgamer la question du programme et celle de l'origine de l'erreur.

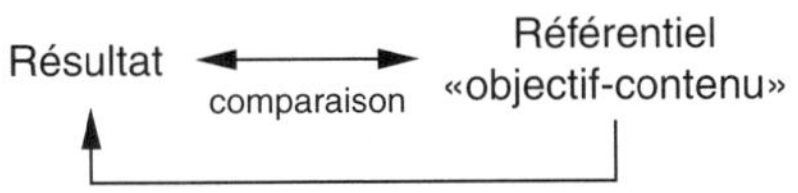

À partir du diagnostic établi, il élabore une stratégie de retour vers les points non acquis afin que l'apprenant puisse progresser dans ses apprentissages.

5.3 – Le praticien « automate »

L'enseignant apparaît comme un expert qui fonde sa décision en se rapportant au référentiel préétabli. À la conception cybernétique de l'apprentissage s'articulerait l'automaticité des rétroactions et des parcours correctifs. Le praticien deviendrait un automate (Perrenoud, 1988) mobilisant des procédures systématiques sur la base d'une cartographie des erreurs. Ce procédé répétitif est selon Abrecht (1991) « peu stimulant plutôt que générateur de progrès » pour l'élève (p. 38).

5.4 – Régulation par le résultat ou régularisation ?

L'évaluation intervient en fin de réalisation de la tâche et guide le regard de l'évaluateur sur le produit fini. L'enseignant prévoit une régulation a posteriori une fois que l'apprenant a rendu son travail et a exécuté l'action. C'est l'esprit des séances de correction ou des séances de ré-investissement sur le type d'exercice qui pose problème à l'élève. Ce type de régulation causale ou rétroaction offre un décalage avec la réflexion de l'apprenant dans l'action et entretient l'idée que la réparation se fait dans l' après coup. En quelque sorte, il n'y a pas de prévention de l'erreur, ni d'anticipation de l'action.

5.5 – L'élève transparent

Un discours général sur le manque, le déficit, les lacunes, portraiture l'élève autour de l'idée de vide. N'y aurait-il pas une illusion de transparence à évoquer les besoins de l'apprenant ? Peut-on percevoir les ressorts d'un sujet aussi facilement ? Le sujet dans l'apprentissage se conçoit-il uniquement par le prisme des besoins ? Que penser du monde intérieur qui est le sien, des figures personnelles qui le positionnent loin de l'école ? Peut-on oublier ou faire table rase aussi vite de la culture générationnelle qui est la sienne, souvent en rupture ou en décalage avec les attentes de l'institution scolaire ?

5.6 – La temporalité absente

L'évaluation-remédiation ne se préoccupe pas des questions de temporalité, puisqu'elle se déploie en début d'année scolaire ou en début d'apprentissage. Ce qu'elle privilégie, c'est le temps ponctuel qui nécessite de la part de l'élève une mise en situation immédiate, à vrai dire, presque utopique tant le contexte d'apprentissage ne fait pas l'objet d'une appropriation. Qu'attendre alors d'une injonction qui établit un rapport à vide ?

5.7 – La persistance de l'idée de moyenne

Lorsque l'enseignant s'intéresse à la maîtrise des savoirs, l'élève de son côté poursuit l'idée d'obtention de la moyenne. Ces différentes conceptions relèvent chacune de l'imaginaire de la maîtrise, dans lequel l'idée de progrès sera perçue par l'un comme un perfectionnement, par l'autre comme l'atteinte de la moyenne salvatrice. Les attentes des élèves ne dépassent guère l'idée sécurisante de moyenne dans laquelle ils voient une garantie de leur reconnaissance par l'institution. Merle (1996) défend l'idée que « les élèves souhaitent la mise en place d'un revenu minimum d'insertion scolaire qui se présenterait sous la forme d'une moyenne minimum permettant de survivre sans trop de honte dans l'institution éducative » (p. 131).

En outre, l'imaginaire de la maîtrise renvoie à la question délicate des redoublements comme pratique de remédiation. Les arguments avancés par les enseignants pour justifier la décision d'un redoublement, dont ils soulignent le caractère positif pour l'élève, concernent :

- le manque de bases ;
- le manque de travail ;
- la nécessité d'une plus grande maturité.

Paul (1996) note que « l'enseignant attribue au redoublement la vertu de combler des lacunes, de rétablir des bases, de redonner une chance pour mieux réussir. Un élève redoublant est un élève à qui on fait subir un régime particulier, dopant, qui va le replacer sur une trajectoire ascendante, lui donner un nouveau départ. » De fait, un fossé existe entre les intentions généreuses des enseignants et l'attitude de l'élève, parfois bougonne, pour ne pas dire amère, tant il éprouve la sensation de faire du sur-place. Un sentiment d'amertume s'échappe alors de ses propos : redoubler c'est revenir à la case départ quand les autres passent…

CHAPITRE

3

L'imaginaire de la construction

De l'imaginaire de la construction s'échappe une métaphore architecturale qui suggère l'idée d'une fondation de la connaissance. Les caractères stables et durables de l'élaboration conceptuelle ainsi que les démarches qui permettent aux élèves de structurer leurs connaissances, figurent comme points de référence. Il ne s'agit plus, comme c'était le cas avec la pédagogie par objectifs, de mettre en évidence le système organisé de l'enseignement-apprentissage avec ses petits paliers, sa progression du simple au complexe, mais plutôt, de penser un environnement où l'élève partirait du complexe pour arriver au complexe.

Édifier, ordonner, bâtir, oui, mais en direction de l'apprenant. Ces préoccupations témoignent de conceptions de l'apprentissage tournées vers l'activité du sujet. Le praticien veillera à la mise en jeu d'habiletés opératoires et symboliques. Pas de césure entre l'action et le savoir, entre le faire et le penser, entre l'agir et l'interagir.

L'élève n'apparaît plus comme un simple figurant mais comme un acteur impliqué dans ses propres apprentissages, capable d'agir sur son environnement. Son initiative sera sollicitée puisque la conception de l'apprentissage privilégie son interaction avec le monde.

Une approche aussi mobile appelle des situations d'apprentissage au cours desquelles l'élève développe une activité de recherche. Les tâches de résolution de problèmes répondent à cette exigence parce qu'elles impliquent l'élève dans un conflit cognitif qui sera levé lorsque ce dernier aura surmonté l'obstacle rencontré ou ressenti. C'est aussi dans des conditions sociales que l'élaboration de la connaissance peut opérer, c'est dire que l'apprentissage s'inscrit sur fond de communauté de recherche.

L'évaluation formative apparaît comme un processus d'accompagnement des élèves jouant sur l'explicitation de l'objet d'apprentissage. La prise de conscience des critères des tâches, leur verbalisation comme mode d'appropriation, leur utilisation dans l'action sont autant d'éléments catalyseurs pour favoriser les processus de changement. L'évaluation fait partie de l'activité de l'apprenant, elle n'est plus seulement l'apanage de l'expert. Le partage du sens inauguré par la démarche d'évaluation formative facilitera les processus de construction des compétences.

L'ÉVALUATION FORMATIVE

L'évaluation formative différenciée de l'évaluation sommative par Scriven (1967) fut l'objet d'expérimentations avec Bloom, Hasting, Madaus (1971) aux États-Unis ; Bélair (1999), Forgette-Giroux et Simon (1994), (Paquette (1984), Scallon (1988) au Canada. En Europe, les travaux de Linda Allal (1981, 1993, 1998, 1999), Daniel Bain (1988, 1993), Jean Cardinet (1984, 1986, 1988, 1989, 1992), Jean-Marie De Ketele (1986, 1993), Paquay (1994, b), Noël (1991, 1999) J. Weiss (1993) ont confirmé l'importance de la démarche.

En France, les travaux de l'évaluation-régulation (Bonniol, 1986, 1988, 1997 ; Genthon, 1987, 1993 ; Jorro, 1994, 1996 ; Nunziati, 1988 ; Poudou, 1994 ; Vial, 1987, 1991, 1997), les recherches conduites autour de l'évaluation comme interprétation (Ardoino et Berger 1986, 1989), les liens tissés entre didactique et évaluation à l'INRP avec le groupe « Eva » (1991, 1996) ont contribué à la stabilisation du concept d'évaluation formative.

1

L'ASPECT FORMATIF DE L'ÉVALUATION

Contrairement aux pratiques évaluatives qui établissent un constat (évaluation sommative), ou bien réorientent l'élève à partir d'un produit fini (évaluation-remédiation), l'évaluation formative intervient en cours d'action pour informer l'élève sur la qualité de son action et lui permettre de la moduler, de l'infléchir. L'évaluation suit alors le cours de l'action et apparaît comme un processus d'accompagnement qui explicite, rend lisible et compréhensible les variables en jeu dans l'apprentissage. Les grands enjeux de l'évaluation formative sont selon Abrecht (1991) :

> « Sans doute une prise de conscience par l'élève du mouvement de l'apprentissage (...) opposée à un cheminement aveugle téléguidé par le maître : l'activité jouée contre la passivité et le prédigéré, bien plutôt que l'efficacité dans la réussite des apprentissages ponctuels ou encore de plus incertaines vertus diagnostiques et thérapeutiques (remédiatrices). » (p. 15).

L'aspect formatif de l'évaluation requiert une orientation vers les tâches complexes. Cardinet (1984) met en évidence les insuffisances des évaluations portant sur des tâches simples et reconnaît la pertinence des centrations autour des « conduites globales ». L'incidence d'une telle clarification est grande pour l'enseignant : non seulement, il ne peut ignorer les savoirs qui structurent sa discipline, oublier le référentiel institutionnel cadrant ses actions, mais aussi, il est censé distinguer des tâches courantes de celles, plus complexes, qui favorisent le processus de formation.

L'aspect formatif résulte de ce dialogue continu entre l'élève et les repères explicités, entre son action et ce qui est attendu, entre son intention de faire et les normes définies. Par la confrontation récurrente avec des critères qui deviennent des points de référence à privilégier pour accomplir la tâche, l'élève est censé construire sa représentation. On voit donc que l'évaluation formative privilégie une certaine temporalité, l'élève ne pouvant développer immédiatement une compétence. Chemin faisant, avec les critères de réalisation, il est amené à construire une représentation de la tâche qui s'affinera, se complexifiera pour répondre aux exigences définies.

L'évaluation formative accorde une importance à la représentation de l'action, indiquant à l'élève que sa préparation initiale influen-

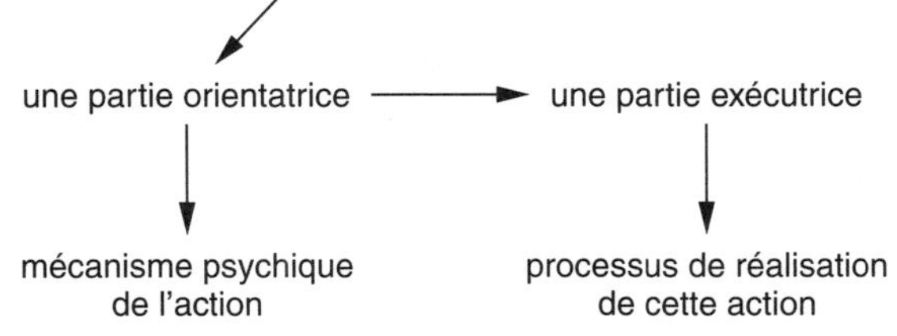

FIGURE 5
La complexité de l'action

cera l'exécution ultérieure. Vial (1987), Nunziati (1988), Poudou (1994) ont repris l'approche du psychologue russe Galpérine (1980) pour mettre en évidence le système de représentation qui détermine la réalisation de l'action. Pour Galpérine l'action ne se résumerait pas à sa mise en œuvre mais, plutôt, commencerait au niveau mental : Galpérine distingue alors la partie orientatrice de l'action qui correspond à un processus mental et la partie exécutrice qui rend compte de la réalisation de l'action.

L'action appelle des transformations mentales qui concernent la partie orientatrice de l'action.

> « La partie orientatrice est un mécanisme psychique de l'action, tandis que la partie exécutrice représente le processus de réalisation de cette action. » (1980, p. 169).

Si Galpérine souligne l'importance de la représentation de l'action c'est pour revenir sur la base d'orientation (ou B.O.) : elle permet au sujet, avant de s'engager dans l'activité, de se représenter le déroulement de l'action, ses transformations successives et d'envisager les moyens dont il dispose, les critères sur lesquels il pourra s'appuyer.

L'auteur distingue 3 niveaux de représentations :

- la base d'orientation incomplète marque le manque de repères de réalisation, dans ce cas, l'élève procède par essai-erreur avant d'arriver au but qu'il s'est fixé ;
- la base d'orientation empirique permet à l'élève de jouer avec les repères pour réaliser l'action définie ;
- la base d'orientation rationnelle : peut se dérouler mentalement. Elle offre la possibilité, non seulement, de réaliser la tâche, mais aussi, de généraliser les repères à d'autres tâches. Dans ce cas, les transferts sont possibles.

L'apport de Galpérine réside dans l'éclairage donné à la préparation de l'action, laquelle sera d'autant plus « réussie » que l'enseignant aura lui-même réfléchi à ses propres interventions. L'évaluation formative devient une démarche de partage des règles du jeu entre enseignant et élèves. L'implicite qui persistait dans les démarches précédentes est atténué afin de donner à l'apprenant la possibilité d'acquérir, dans de meilleures conditions, les savoirs en jeu. Ce qui conduit à la question des critères puisqu' avec ces repères l'élève peut s'engager dans la tâche de façon pertinente. De son côté, l'enseignant, instigateur de la démarche, prend conscience de l'importance des critères, des conditions de leur apparition tout autant que de celles de leur appropriation.

2

LE STATUT DE CRITÈRE

Précédemment, nous avons vu que des critères normatifs comme ceux de complétude et d'exactitude orientaient la prise de décision de l'enseignant. Références constantes chez les élèves, « j'ai fait juste », ces critères sont évoqués sur le mode du constat. Comme ces critères préexistent à toute activité, ils apparaissent comme des invariants. Or, l'évaluation formative permet de mettre à jour d'autres critères plus souples, en rapport avec le contexte de la tâche.

La désignation du critère consiste en une opération de discrimination. Un élément passé jusqu'alors inaperçu, prend de la valeur et accède au statut d'élément de référence. La publicité qui résulte de cette mise en évidence fait basculer le caractère anodin d'une donnée en un caractère fondamental. Parce qu'il se dégage d'un ensemble où il demeurait sans visibilité, l'élément en question prend le statut de critère. Mais ce critère se distingue de la norme, d'une part, parce qu'il peut disparaître tout aussi vite qu'il a émergé, d'autre part, parce qu'il n'a pas de caractère en soi universel. La norme par opposition au critère se conçoit dans son atemporalité et dans son universalité, élément nodal d'une logique de la stabilité. Le « critère émergent » n'a pas de devenir dogmatique, il peut à tout moment reprendre son aspect secondaire.

Pour Bonniol (1981) un critère représente une « dimension abstraite de l'objectif que l'on choisit de privilégier ». Son intérêt majeur pour l'apprentissage réside dans la réversibilité du critère d'évaluation en critère de réalisation.

Critère de réalisation ↓
↑ Critère d'évaluation

Les critères permettent un mouvement de centration-décentration du sujet :

> « ils fonctionnent en décentrant le sujet de l'objectif, du moins du produit à réaliser, du résultat correspondant à l'objectif, qui est alors placé à distance, en perspective fonctionnelle, en centrant l'activité du sujet sur les critères de qualité des processus à l'œuvre, des procédures utilisées ou à utiliser... » (Bonniol et Genthon 1989).

Ainsi, le critère renseigne doublement sur la réalisation du produit et sur son évaluation. Cette lisibilité offerte par le critère participe à la dissipation d'une trop grande ambiguïté, que seuls certains élèves déjouent. Pour les accompagner dans leur activité, une distinction supplémentaire a été proposée. Les critères se répartissent en critère de réalisation et critère de réussite (Vial, 1987).

- Un critère de réalisation concerne le déroulement de l'action et répond à la question « que faut-il que je fasse ? », « comment vais-je m'y prendre ? ».
- Un critère de réussite pointe l'acte terminal, concerne le produit fini et répond à la question « à quoi je vois que mon produit est réussi ? ».

Cette distinction est souvent difficile à faire à l'école. Nombre d'enseignants s'en tiennent aux critères de réalisation et insistent sur l'effort important fourni par les élèves dans l'apprentissage. La difficulté supplémentaire que représente la distinction avec les critères de réussite est évitée.

Nous présenterons dans la troisième partie deux grandes démarches de mise en évidence des critères :

- l'une relève de la contractualisation lorsque l'enseignant affiche les normes à respecter : la classe est invitée à les prendre en compte dans l'activité proposée. La contractualisation relève d'une démarche prescriptive ;
- l'autre est le fruit d'une recherche collective et négociée avec le maître.

Ces deux démarches visent une explicitation de l'action dans la mesure où les critères de réalisation sont discriminés. Parfois, les critères restent très abstraits pour les élèves, ils sont alors reformulés en terme d'indicateurs.

3

LE RAPPORT CRITÈRE/INDICATEUR

C'est le rapport de l'abstrait et du concret. Le critère est un élément virtuel de différenciation. Il se caractérise par sa puissance en imposant une contrainte, une zone d'influence. Il se concrétise par des indicateurs, des traces. Les indicateurs constituent des indices perceptibles que le critère condense. En effet, le critère donne le sens de tous ces indices épars. Dans la pratique, les feuilles de route utilisées par les élèves relèvent plus souvent d'indicateurs que de critères du fait même de la formulation de critères en verbe d'action. Ainsi, l'écriture d'un texte narratif implique le critère de trame narrative qui intègre les indicateurs suivants :

- présence d'une situation initiale ;
- présence d'un obstacle ;

- présence de péripéties ;
- présence d'une force résolutrice ;
- présence d'une situation finale.

Le critère apparaît comme un fil conducteur qui fédère les éléments concrets que sont les indicateurs. Si les indicateurs circulaient sans référence critériée, l'énigme à lever tiendrait dans la formulation du critère abstrait, dans la valeur de référence qui synthétise les indicateurs.

Caractéristiques des indicateurs :
- l'indicateur est observable ;
- l'indicateur est sensible lorsqu'il permet de quantifier des variations ;
- l'indicateur est représentatif.

À partir des critères (ou des indicateurs) l'élève peut procéder à des régulations.

4

LE JEU DES RÉGULATIONS

L'évaluation formative comme processus de communication / négociation / appropriation de critères peut permettre à l'apprenant de procéder à des auto-régulations soit sur ses propres processus attentionnels, soit sur les procédures mises en jeu, soit sur le produit réalisé. Les régulations peuvent exister à différents moments de l'action : avant, pendant et après.

- **La régulation proactive**

  Lorsque l'apprenant se reporte aux critères de réalisation avant d'accomplir la tâche, il agit par anticipation et régule pro-activement son inscription dans la tâche. À la différence de la remédiation, qui consiste en un réajustement de la réponse une fois que l'action est finie, la régulation proactive consiste en une anticipation. L'élève devance alors des actions qui s'avèreraient non pertinentes pour la suite de son activité.

- **La régulation interactive**

  L'évaluation permet à l'élève de réguler, chemin faisant, son action et de procéder à une régulation interactive. Cette régulation est observable lorsque les élèves se reportent à leur feuille de route pour se référer à un critère de réalisation et, ainsi, pour confirmer ou réguler l'action dans laquelle ils sont impliqués. Les régulations interactives supposent un processus continu de référenciation. Seulement, un élève ne saisit pas toujours l'importance du critère, il lui faut du temps : le temps de comprendre la démarche d'apprentissage et de s'y inscrire.

- **La régulation rétroactive**

  C'est certainement la régulation la plus courante et qui demande le moins d'effort à l'élève tant les situations scolaires, et notamment, les séances correctives, sont largement répandues. Toutefois, l'élève oublie parfois de revenir sur un travail, en particulier, parce que ce retour impose un acte réflexif, mais aussi, parce que les annotations sont souvent dissuasives et que l'enseignant ne ménage pas toujours un temps propre à ce type de retour. La régulation rétroactive opère un retour différé sur l'erreur.

5

STATUT DE L'ERREUR, STATUT DE SON PRODUCTEUR

La démarche d'évaluation formative implique donc une autre conception de ce qui est couramment dénommé faute, lacune, manque, carence, déficit… Trop souvent ces termes donnent une image négative de la production de l'élève. La faute a de fortes connotations morales qui ne correspondent pas à l'esprit de l'évaluation formative mais renvoient plutôt au jugement, au verdict. L'évaluation formative tend à relativiser les dysfonctionnements en évoquant l'axe de l'erreur. Moins chargée négativement, l'erreur informe avant de pénaliser puisqu'elle révèle la logique de conception-action de l'apprenant. Si elle fait apparaître un décalage par rapport à une connaissance experte, elle devient le moteur de l'apprentissage par le travail qu'elle suscite. Elle offre la perspective d'une explicitation possible, du dégagement des critères.

Retour sur la conception de l'erreur :

- l'erreur est consubstancielle à l'acte de connaître ;
- l'erreur est un trop plein de connaissance ;
- l'erreur informe ;
- l'erreur dépend de la logique de l'apprenant ;
- l'erreur est positive, elle est acte ;
- l'erreur peut être perçue par la classe, par l'élève ;
- l'erreur est analysable ;
- l'erreur appelle une interrogation du praticien sur sa démarche ;
- l'erreur appelle des stratégies différenciées.

Si l'erreur gagne un statut différent, le statut de son producteur importe également. Reuter (1984) note que, lors de tâches d'écriture, on ne peut amalgamer les jeux de langage d'un auteur avec ceux d'un élève qui apprend. Cette correspondance fausserait en quelque sorte le sens de l'apprentissage. D'autre part, une erreur sera considérée comme importante pour tel élève alors qu'elle aura moins d'incidence pour son voisin (dont le parcours permet à l'enseignant de penser qu'il peut être en surcharge cognitive). Pour cet élève, moins expert, l'enseignant considèrera le progrès effectué et différenciera son approche de l'erreur commise. L'intérêt accordé au statut du producteur de l'erreur revient à opérationnaliser la différenciation pédagogique et à se dégager d'un discours désincarné : à trop se polariser sur le concept d'erreur, on risque d'oublier son producteur.

6

QUESTIONS À PROPOS DE L'ÉVALUATION FORMATIVE

Nous poserons trois questions ouvertes à propos de l'évaluation formative :

- quel est l'impact de la théorie de Galpérine dans les diverses disciplines scolaires ?
- quelles sont les implications professionnelles pour les enseignants lorsqu'ils entrent dans une telle démarche ?
- quelles sont les limites de l'évaluation formative ?

6.1 – La représentation de la tâche

La théorie de la base d'orientation élaborée par Galpérine (1980) semble polariser l'élève sur le commencement de l'action comme s'il fallait tout connaître de l'action avant de s'y engager. Or, les tâches complexes requièrent des actions que l'on ne peut pas toujours anticiper. Si l'on se réfère aux tâches d'écriture, on sait que se posent pendant le temps d'écriture des questions qui n'avaient pas fait l'objet de prévisions, questions inédites auxquelles il faudra répondre. Comme le présente Halté (1984), le scripteur s'inscrit plus dans une heuristique que dans une démarche algorithmique. Ce qui permet à l'auteur d'affirmer que l'apprenant est confronté à des problèmes qui ne se posaient pas forcément au départ. Ce qu'il faut admettre, c'est que la représentation de la tâche ne résout pas toutes les questions qui émergent en situation d'écriture.

6.2 – L'importance d'une formation à la didactique

Travailler dans un champ disciplinaire donné avec la démarche d'évaluation formative requiert de la part de l'enseignant une certaine compétence dans le champ didactique. L'improvisation de l'évaluation formative dans un champ disciplinaire est une douce utopie qui est vite oubliée lorsque ce dernier est confronté aux démarches d'appropriation des référents en jeu. Si l'improvisation fait partie de la démarche d'évaluation formative, elle ne doit pas cacher les connaissances disciplinaires de l'enseignant. D'autre part, l'interpellation didactique dans le processus d'évaluation revient à poser la transversalité comme un postulat. Rey (1996) infirme l'idée de compétences transversales pour substituer l'idée d'intentions transversales qui mobiliseraient tout sujet en formation. Ce qui revient à dire que si l'évaluation est un processus récurrent dans tout champ disciplinaire, ce processus sera spécifique dans chaque champ.

6.3 – L'évaluation formative est résolutrice

Si l'enseignant vise l'autonomie de l'apprenant, le sollicite à exercer par lui-même une attitude critique, il l'engage dans un processus formatif. Cependant, l'évaluation formative reste résolutrice dans le fait que l'apprenant régule un apprentissage proposé, organisé par l'enseignant dans la perspective d'une appropriation des savoirs de référence. L'élève qui joue un rôle actif n'est jamais dans une posture de proposant, « d'auteur » dirait Ardoino (1993). Il évolue dans un cadre préalablement fixé même s'il recourt à des stratégies complexes.

CHAPITRE

4

L'imaginaire de la compréhension

L'émergence d'un imaginaire de la compréhension parle en faveur des difficultés qui persistent dans le champ éducatif : difficultés d'apprentissage, difficultés de formation, résistances dans les processus de changements, raideurs et sédimentation des points de vue, linéarités abusives dans la conception des actions, approches désincarnées de l'apprenant dans le processus d'apprentissage. C'est alors une approche du sensible (partie intégrante de l'intelligible) avec l'écoute de la différence, l'accueil de la singularité, le partage intersubjectif de significations, qui est mise en évidence. Question sur le sens unidimensionnel, et, a contrario sur ses déplacements, questions sur l'univers symbolique des élèves face aux règles scolaires. Écoute des redéploiements mythologiques que les élèves projettent. La compréhension renvoie à la façon dont est entendue la parole du sujet, saturée de sens ou figée dans le silence, elle est signifiante.

Comprendre pour l'enseignant revient à mettre en place les conditions du passage de l'imaginaire à l'action objectivante sur lequel repose le projet d'apprentissage. Cheminement difficile pour le praticien qui consiste à réfléchir à ses gestes professionnels pour donner la possibilité aux élèves d'entendre leurs implications secrètes et intimes dans le monde, pour leur permettre de saisir sinon de provoquer leur devenir, d'entrevoir le défi qu'impose la confrontation avec les savoirs. Or, bien souvent les élèves tissent un rapport au savoir plus identitaire qu'épistémique, plus affectif que rationnel. Le processus d'autoévaluation entendu comme possibilité de dire ce qui préoccupe, ce qui résiste, vise à mettre à jour les intentions de l'élève. Ce dernier peut alors revenir sur ses idées, sur ses réticences, sur ses enthousiasmes afin de prendre conscience de ce qui lui importe ou pas.

Du point de vue de l'apprentissage, l'imaginaire de la compréhension insuffle l'idée que l'implication des élèves sera d'autant plus grande qu'ils seront co-auteurs du projet de connaissance dont la finalité est l'appropriation de savoirs. Autrement dit, que leur place ne se réduit pas à l'exécution d'une action dont ils ne pressentiraient aucun gain personnel mais, plutôt, s'inscrit dans une praxis rythmée par le bricolage, l'invention, la négociation. À partir de ce travail réflexif, **l'évaluation comme apostrophe évaluative agit comme une caisse de résonance des projets implicites ou déclarés.** Les élèves sont en situation de parler de leur apprentissage puisque l'évaluation ouvre alors le sens, devient bouffée d'air : il y a un espace pour dire, pour débattre des idées toutes prêtes et des routines défensives des élèves.

La compréhension rayonne si largement que l'on pourrait conclure à la poussée d'un nouveau credo, d'une déferlante utopique qui imprimerait les discours de l'apprentissage, de la formation et de l'évaluation. Compréhension à tous les vents, épaisseur d'un mot qui résiste à toute tentative de mise en boîte. Récurrent dans notre langue, dans les actes quotidiens d'énonciation orale ou écrite, ce terme ne peut être entendu comme un simple formule mais plutôt figurer comme un mot qui annonce un seuil pour favoriser l'implication de l'élève dans ses apprentissages.

La compréhension peut être l'occasion d'un double jeu, en travaillant sur l'intelligibilité d'une situation ou en l'éludant. Compréhension sujette aux élans sincères ou calculés- le souvenir d'une méprise « je vous ai compris » n'est pas si distant de l'expression « tu n'as pas compris ». Que la décentration soit feinte ou impensée, il n'en demeure pas moins que chacune révèle une facette de la compréhension.

Dans les situations scolaires, l'erreur révélée à l'élève agrandit l'écart qui le sépare du maître instruit. Plane l'idée que c'est au novice de se mouvoir, de faire des efforts pour comprendre le détenteur du savoir. La logique de la discipline masquerait les logiques hétérogènes des élèves. L'accusation « tu n'as pas compris » est portée par un désir de maîtrise. Or, la compréhension se joue de la maîtrise et de la certitude, elle est plutôt dans le voisinage, le rapprochement, le décryptage, jamais soumise à l'ordre de l'enquête ni à celui de la fouille, mais incline à l'écoute, à la décentration, invitant à la persévérance celui qui cherche à comprendre.

Le questionnement inaugure le cheminement intellectuel de l'élève, plus précisément, le difficile décollement de ses habitudes de penser et vise la mise en relation des connaissances personnelles des élèves avec les savoirs de référence reconnus par l'institution scolaire.

L'APOSTROPHE ÉVALUATIVE

Contrairement à l'évaluation sommative dont la fonction bilan signe l'arrêt du processus d'appropriation, l'apostrophe évaluative vise la réflexivité avant tout apprentissage. Contrairement à l'évaluation formative, orientée vers l'appropriation d'objets de savoir, l'apostrophe évaluative reconnaît l'élève comme porteur de significations, lesquelles lui permettent d'entrer en relation avec le monde et y compris avec les savoirs scolaires. C'est donc un processus réflexif qui est en jeu, mais la spécificité de la réflexion réside, pour l'apprenant, dans la manière de renouveler son positionnement d'apprenant, autrement dit, de concevoir le projet d'apprendre à partir de l'imaginaire qui le constitue. Pour l'élève, l'ampleur du travail réflexif réside dans le fait de questionner ses schémas de pensée et ses routines, de se décentrer de ses idées pour reconnaître l'intérêt d'un nouveau déploiement. L'apostrophe évaluative marque l'élan de la pensée, les tentatives réflexives de l'élève.

La reconnaissance de ses mouvements de pensée, de ses tâtonnements, de ses doutes qui apparaissent comme autant de liens hétérogènes, suppose que l'enseignant aménage des espaces de parole pour mettre en évidence la réflexion en cours d'élaboration. Cette plage réflexive permet aux élèves de porter plus loin l'intelligibilité des situations dans lesquelles ils sont susceptibles d'exercer leur autonomie de pensée. Comme l'ouverture d'une symphonie classique préfigure l'œuvre musicale, l'ouverture du sens caractérisée par le questionnement s'exprime à travers les questions, les remarques, les analogies des élèves. L'apostrophe du sens s'accompagne d'une mise en mouvement, d'un passage, d'une perte de neutralité, de transparence. Point de repli mais implication de l'élève concepteur.

1

LA MISE EN MOUVEMENT DU SENS

Comment l'élève questionne-t-il ses connaissances ? Lorsqu'il est en situation de le faire ! Lorsque la situation organisée par l'enseignant permet une expression personnelle. Ainsi, dans une situation de compréhension de texte, un temps est aménagé par l'enseignant afin de laisser les élèves débattre entre eux de leurs élaborations respectives sachant que leurs connaissances préalables servent de fils conducteurs à la situation de compréhension. Cet aménagement de la situation n'est jamais une perte de temps, c'est la garantie que le lecteur pourra faire des liens avant d'entrer dans un processus conflictuel puisque le texte ne livre pas forcément le sens prévu par l'élève !

Toute situation de classe peut intégrer un dispositif de questionnement à la condition que l'enseignant se prépare à ne pas occuper le devant de la scène pédagogique, et qu'il admette dans le bouillonnement des idées émises, des écarts (anecdotes, analogies, fictions), des détours indispensables pour que la pensée se mette en mouvement. Un tel dispositif demande aussi un climat de libre parole, d'écoute mutuelle afin que la pensée se libère, se risque à proposer une idée, ose se présenter dans sa naïveté. Dans le cas contraire, l'élève tiraillé par ses doutes se mure dans le silence puisque ce qu'il a à proposer ne lui paraît pas digne d'intérêt, encore moins acceptable dans l'institution de la classe.

Lorsque l'élève est tiraillé entre recherche de sens et réponse plausible, lorsqu'il parle de ses hésitations, de ses errances, il retrace sa volonté de donner du sens aux situations qu'il rencontre, il tente d'ouvrir le sens. Cette forme de pensée s'exprime souvent en termes de gêne, de malaise tant le processus de questionnement ébranle le confort des certitudes. Rien ne permet d'affirmer que la réponse est là toute prête, or, ce processus inextinguible réapparaît dès que les cadres de pensée les plus établis se trouvent interpellés dans des situations inédites. Le déplacement du sens qui en résulte consiste en une apostrophe des routines, des stéréotypes de pensée, des cadres de références (Goffman 1991), des habitus (Bourdieu, 1979). Mais cette intention peut tout aussi bien se heurter à la force d'inertie des cadres et des stéréotypes qui s'estompent rarement. Le questionnement ne relève pas du formalisme de l'interrogation. En effet, il ne suffit pas de s'interroger à vide mais de vouloir savoir, de mettre en œuvre un désir de comprendre. Sur ce point, Heidegger (1967) considère l'aspect conducteur du questionnement « questionner c'est vouloir-savoir… savoir en effet signifie : pouvoir apprendre. »

Autrement dit, tout élève est en situation d'autoévaluation lorsqu'il ne se contente pas de poser des questions mais lorsqu'il interroge le point de vue à partir duquel il donne du sens. Ainsi, il peut être amené à considérer ses adhésions et ses dénis, à comprendre les situations d'apprentissage-enseignement qui le rebutent.

Sur un plan plus large, le questionnement concerne tout individu. Le voyageur surpris par une culture si éloignée de la sienne ne peut s'empêcher de commenter les déplacements de sens, le spectateur de théatre devant une pièce originale dit sa perplexité. De même, l'amateur de peinture se sent interpellé devant un œuvre qui ne livre pas un message figuratif (cf. la pièce de Yasmina Reza « Art »). Au quotidien, ces interpellations s'atténuent tant les routines qui nous orientent nous font aller de l'avant sans retour. Les évidences sont tenaces ! Par et avec l'autoévaluation, ce qui se joue c'est la recherche d'un double fond, c'est la mise en question des choses établies et assurées, il s'agit de renouveler notre perception et notre compréhension.

Sur le terrain scolaire, cela revient à apprendre à chercher, à investiguer à partir de soi, à apprendre à se connaître, à repérer ses propres fonctionnements, ses propres cheminements de pensée, ses propres courts-circuits, ses propres cadres, à travailler à ses propres devenirs. Le questionnement ouvre un passage : l'élève va vivre une transformation fondée,

- sur sa relation au monde : s'il a prise sur ce qui se passe autour de lui, il comprend que cette » prise sur » est transitoire et qu'il y a autre chose à envisager, voire à gagner ;
- sur son rapport au savoir : il envisage des liens entre ce qu'il aimerait savoir et ce que peut lui apporter l'apprentisssage dans la dynamique du projet.

Dans la situation scolaire, il ne s'agit pas de penser l'élève comme une coquille vide mais de l'autoriser à devenir concepteur. Ainsi, pris dans un mouvement, il peut devenir arpenteur et travailler à une appropriation-création de sens.

2

L'ÉLÈVE ÉVALUATEUR

Comment l'élève peut-il s'approprier l'attitude autoévaluative ? Comment gagne-t-il ce processus réflexif ? En adoptant une attitude investigatrice sur un double plan. Il mène une « enquête » sur ses connaissances et l'élargit sur son environnement. Ainsi, nous utiliserons deux figures pour préciser son attitude : celles de l'arpenteur et du coryphée. Ces deux figures nous importent parce qu'elles valorisent l'autonomie de l'élève.

2.1 – L'arpenteur

Si l'histoire laisse de l'arpenteur l'image d'un géomètre, d'un homme de terrain mesurant les terres, c'est une autre facette de l'arpenteur qui est retenue ici. Celui qui n'hésite pas à se mouvoir pour comprendre qui il est. C'est le héros de John Hopkins (1970) à la recherche de lui-même, prêt à voyager, à tenter des expériences pour savoir ce qu'il veut, ce qui le touche, le transporte au point de pouvoir dire qu'il se comprend, enfin, mais provisoirement. Ce sont ses actes à partir desquels il revient en pensée, et pour lesquels il exerce une activité questionnante.

En classe, l'élève arpenteur recherche, tâtonne au lieu de reproduire, voire de mimer ce que l'on attend de lui. En confiance avec lui même et avec la classe, il se risque, il ose dire et proposer sa réflexion.

Une telle autonomie de pensée se développe si l'enseignant favorise un climat de partage des idées. Un processus d'autorisation (Ardoino, 1993), c'est-à-dire, de libération de la parole, est enclenché : un élève fait part de ses propositions, se lance dans des tentatives et des ébauches d'actes. Cependant, cette attitude est difficile à gagner pour certains élèves. En effet, il arrive qu'un élève reste prisonnier de son image de bon élève. Intimidé, il s'interdit de prendre des initiatives. Parfois, un élève en difficulté trouve vain de se mettre en jeu tant le poids de l'échec oppose une force d'inertie. Dans ces deux tendances, il y a cessation de mouvement, le processus de recherche est grippé. Les élèves ont cédé leur allure d'arpenteur pour celle de sédentaire.

2.2 – Le coryphée

Dans la tragédie de Sophocle, le coryphée est la voix qui vient, tel l'écho, partager mais de façon décentrée la scène où les protagonistes se débattent, où Œdipe s'achemine vers une vérité insoupçonnée. Le coryphée assume sa fonction interpellatrice, il dérange, il est dans la contradiction. Figure de la mémoire, porte-parole de la norme, il temporise, il rappelle à l'ordre, réaffirme l'établi. Pour l'apprenant **apprendre à être son propre coryphée** consiste à prendre du recul, mieux encore, à se décentrer pour prendre conscience de l'importance des règles, à ne pas rejeter les normes qui pourraient contrarier son intention initiale. Comme une voix off, le coryphée répercute le sens, rappelle la loi. Figure de l'orientation tout autant que du conseil, le coryphée renvoie à l'arpenteur un message d'autonomie reliée.

L' élève leader a tendance à jouer le coryphée de la classe, à dire la loi, à dénoncer son non respect. Pourtant, il ne s'enferme pas dans ce rôle. Ce qui est remarquable c'est sa façon de jouer avec les règles, sa capacité à gérer des liens de dépendance tout en construisant sa propre voie dans l'apprentissage. La référence aux savoirs et l'utilisation pertinente des codes le libèrent. L'enjeu est de faire de chaque élève ce bilingue en actes : prêt à apporter sa singularité sans oublier la contrainte externe, sans jamais s'isoler dans une logique de fonctionnement, dans la toute puissance de son imaginaire. Etre son propre coryphée, c'est être son propre pilote en connaissance des règles, des normes, en connaissances des possibles, en se réservant des jeux, en assumant ses dépendances avec l'environnement.

Entre l'arpenteur et le coryphée, l'élève évaluateur est pris dans un processus de négociation, prêt à s'engager dans l'apprentissage, prêt à bricoler tout en écoutant cette voix off qui le dérange, le force à se questionner et à chercher le sens de ce qu'il vit, et dont il fait l'expérience. Cette évaluation ne procède pas de la même temporalité que les précédentes. Il s'agit d'un temps subjectif au cours duquel l'apprenant

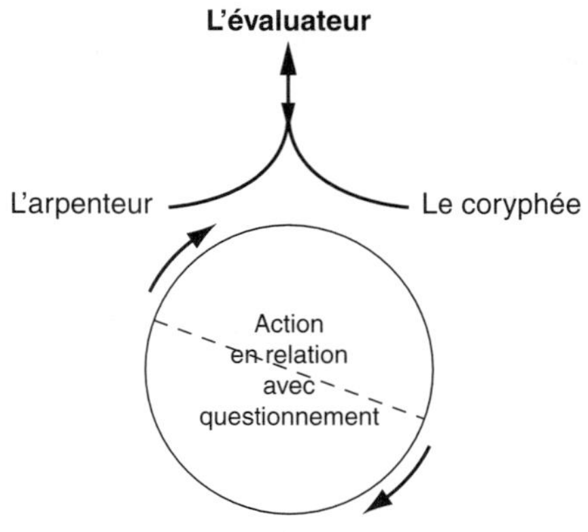

FIGURE 6
L'élève évaluateur

tissera les liens entre son intériorité et les visées praxéologiques qu'il poursuit, entre son imaginaire et l'univers scolaire dans lequel il évolue.

Au cours des situations de questionnement, l'élève travaille à la projection de possibles : « comment vais-je faire… peut-être que je commence par… et si j'essayais… ». L'élève sait que le désir qui l'élance sera tôt ou tard contrecarré par la norme, qu'il lui faudra fournir un effort, surmonter une difficulté. Il envisage la contrainte ultérieure sans connaître pour autant sa nature et son ampleur. Ce qui prime c'est le sens qu'il tire d'une telle situation où existe déjà en demi-teinte l'idée du projet d'apprendre. Le questionnement libère une parole personnelle qui constitue un pas gagné sur la connaissance de soi. Pour l'élève, l'enjeu est bien d'envisager son implication dans l'apprentissage.

3

D'AUTRES CRITÈRES EN JEU

Si les significations, les incertitudes, les lapsus qu'il projette, les failles, les fragilités qu'il laisse apparaître sont accueillies et entendues par l'enseignant, alors, il y a reconnaissance du processus de questionnement. Dans cette situation, l'enseignant (dans la posture du consultant), reconnaît qu'il développe une posture différente de celle qu'il a coutume de tenir. Il déclare alors faire « un autre métier » et évoque ce moment particulier au cours duquel il rencontre une culture générationnelle éloignée de la sienne. Il saisit la dimension conflictuelle de l'expérience scolaire : dès lors, la question du rapport au savoir de l'élève se pose. Quels registres sont en jeu ? S'agit-il de registres identitaires, de registres épistémiques ? Le questionnement offre au sujet la possibilité de se situer et de recomposer ses champs de significations au plan social, scolaire, familial, intime.

Pour permettre l'attitude autoévaluative, il importe de promouvoir le cheminement de la pensée. Deux approches sont envisageables :

- l'une relève du questionnement : ce qui prime alors c'est l'idée de genèse de l'activité intellectuelle ;
- l'autre tend vers la rationalisation : les démarches d'évaluation formative visent un processus d'objectivation de la pensée et de rationalisation de l'activité de l'apprenant dès lors qu'il est confronté à des contenus de savoir.

Les critères de questionnement visent la première démarche, autrement dit, l'émergence du sens. L'élève reconnu comme concepteur s'autorise à dévoiler ses préoccupations, à parler de son projet d'apprenant sans perdre de vue l'environnement social avec ses règles et ses contraintes. Dans cette démarche, deux catégories de critères sont dégagées : les critères d'expression et les critères de pertinence.

Les critères d'expression, dont les fonctions d'individuation et d'identification donnent aux élèves la possibilité de devenir auteur (au sens d'Ardoino, 1993), de se découvrir autre (Heidegger, 1985), et **les critères de pertinence** qui jouent comme instance régulatrice de l'expression, l'apprenant tisse sa parole dans des conditions intersubjectives.

3.1 – Les critères d'expression

Les critères d'expression placent l'élève en situation d'émergence de sens, d'expliciation de sa culture, d'agencements d'idées, voire de concepts. Les critères d'expression ne sont pas définis a priori mais incitent l'élève à explorer un champ de connaissance, par contiguïté, par substituabilité, par extension. Tandis que le critère de réalisation vise un objet de savoir, le critère d'expression vise la mobilisation des significations élaborées par l'élève. Le sens devient la question que le sujet s'adresse et qui le projette vers une autre réflexion. Les critères d'expression visent l'expression d'un projet, d'une parole.

3.2 – Les critères de pertinence

Les critères de pertinence n'authentifient pas une conformité, une exactitude (qui relèvent des pratiques de contrôle) mais la relation entre les idées, le point de vue de l'expression, sa mise en perspective, sa contextualisation. Les critères de pertinence créent un espace de relation et de sens d'où émerge la mise en question des relations, des sélections opérées par la pensée. L'élève est alors invité à articuler des sens contradictoires telles que normes et significations personnelles. Dans ce qu'il dit, produit, pense, il n'oublie pas le référentiel, n'efface pas le système de contraintes, n'évacue pas les règles externes pour entendre pleinement les siennes. C'est une démarche moins économe dans son déroulement, moins organisée, moins unidirectionnelle, et donc, plus confuse qui lance l'apprenant dans un processus de décryptage des entrecroisements, des chevauchements possibles, des différents sens qui assaillent sa réflexion.

Si les critères d'expression tiennent de la conceptualisation, les critères de pertinence tendent vers la problématisation. Complémentaires, ils agissent les uns sur les autres : nulle conceptualisation sans problématisation de son champ de connaissance, nulle problématisation sans conceptualisation.

4

DE L'APOSTROPHE ÉVALUATIVE À L'ÉVALUATION FORMATIVE

Dans le champ scolaire, l'apostrophe évaluative et l'évaluation formative ne visent pas les mêmes enjeux :

- **l'apostrophe évaluative** implique l'élève dans la mobilisation et dans la mise en perspective de ses connaissances personnelles afin de **concevoir le projet d'apprendre** ;
- **l'évaluation formative** donne une certaine autonomie à l'élève lorsqu'il réalise une tâche, l'aide à différencier des critères, à les utiliser pour **atteindre le but énoncé.**

4.1 – L'enjeu de l'apostrophe évaluative : questionner le sens que l'on porte

Avec le questionnement, l'apprenant est impliqué dans une recherche de sens. C'est dire que la question de la compréhension se pose avant celle de l'application de la règle. Trop souvent, ce qui est considéré comme important c'est la mise en œuvre de savoirs scolaires, or, les questions éloignées, formulées par l'élève, peuvent être taxées de dérive, de dispersion et il faut alors que ce dernier reprenne le sujet délaissé, en un mot, le vrai problème. Dans le champ de l'apprentissage, le chemin le plus court n'est pas le plus parlant pour l'élève. Il lui arrive de prendre des chemins de traverse. Par des voies détournées, l'apprenant tisse des liens qui échapppent parfois à l'enseignant expert.

Parce que sa pensée est problème pour elle-même (Meyer, 1986), parce qu'elle s'élabore par fragments, qu'elle n'est jamais complète, arrêtée, établie, l'enseignant se doit d'organiser et de garantir un espace-temps ouvert à la réflexion.

Puisque concevoir pose problème, les critères d'expression et de pertinence deviennent des outils précieux : ils centrent l'élève sur le sens de ses expériences, l'incitent à revenir sur ses connaissances en vue de développer une compréhension de soi et des autres. Develay (1996) souligne l'importance pour un élève de parvenir à se connaître tant au plan cognitif qu'affectif. Sans la reconnaissance de ces dimensions, le fait qu'un élève puisse donner du sens à l'expérience scolaire deviendrait utopique.

4.2 – L'enjeu de l'évaluation formative : s'approprier un objet de savoir

L'évaluation formative vise, à travers l'appropriation des critères de réalisation et de réussite, la conformisation de la production au produit attendu. Apprendre grâce à l'évaluation formative est possible dans et par l'explicitation-différenciation des critères de réalisation d'une tâche.

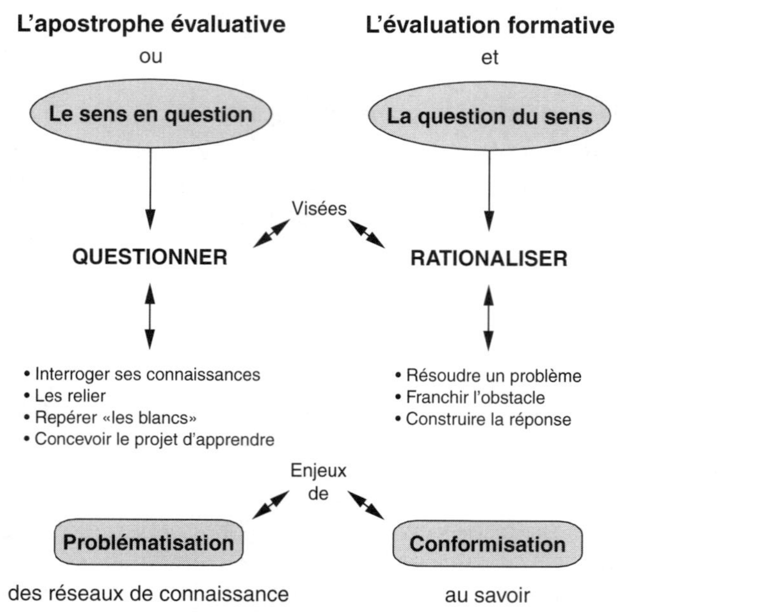

FIGURE 7
Deux démarches évaluatives en jeu dans l'apprentissage

Avec la feuille de route, médiatrice du savoir entre l'élève et le produit attendu, l'aide apportée à ce dernier concerne le faire dans ses moyens, ses conditions, ses exigences. Une visée formative le rend capable de jouer avec des critères, capable d'évaluer une production. La méthode, le parcours, l'orientation dans la tâche ne sont là que pour mieux révéler la réponse qui apparaît alors comme le pré-texte d'une réponse déjà écrite. La démarche d'évaluation formative, au service de l'apprenant, confirme en même temps un savoir établi (ce qui permet de noter la liaison étroite entre l'évaluation formative et l'approche didactique).

La distinction entre les deux approches de l'évaluation ne signifie pas opposition irréductible mais clarification des enjeux qu'elles sous-tendent. C'est donc un objectif d'articulation qui se pose dans l'apprentissage : l'apostrophe évaluative mobilise l'élève sur sa relation au monde puis, sur le rapport au savoir, l'évaluation formative organise la confrontation avec l'objet à acquérir.

L'on peut ainsi souligner le lien entre deux systèmes non exclusifs l'un de l'autre. L'illusion d'une évaluation formative miracle pédagogique est ici interrogée. L'évaluation formative ne peut être comptable de dimensions aussi complexes que celle de la relation d'un sujet à la situation-projet, moment de vie, espace-temps symbolique. L'enseignant aménage un temps spécifique afin de favoriser l'expression de l'élève, notamment, lorsqu'il participe à la conception du projet d'apprentissage.

L'autoévaluation représente alors un processus d'apostrophe du sujet sur lui-même. Comme tout processus réflexif, il n'est pas forcément saisi et peut rester en suspens. Du coup, l'enseignant doit accepter la temporalité de l'autre ne pas s'instituer comme « chrono-maître » des processus de changement de l'apprenant.

5

LES RÉGULATIONS COMME MOTS DE TRANSITION

Mises en évidence dans une recherche sur la compréhension de texte (Jorro, 1994), les régulations qui ont une fonction de transition (intro-projectives) mobilisent doublement l'élève dans l'action : l'élève conçoit un devenir tout en parlant au présent.

Au cours d'un dialogue entre pairs, dans une situation de compréhension de texte, les échanges portaient tout autant sur les régulations de leurs connaissances que sur le contenu informationnel du texte. Ces échanges marquaient l'importance des processus identitaires : les lecteurs abandonnaient leurs idées initiales en cheminant dans le texte. Ce n'était pas seulement l'acquisition d'une connaissance nouvelle qui était en jeu mais aussi la relation qu'entretenait l'élève avec ses processus de changement. La parole des élèves n'investissait pas seulement le rapport logique aux savoirs mais la manifestation d'une pensée comme reconnaissance de soi. Cette situation mobilise alors des régulations spécifiques qui constituent des prises de conscience parlées : « moi je pense que dans le texte... d'après moi peut être que... ». Elles sont porteuses d'une identité qui se parle, elles témoignent à la fois :

- de la présence d'une parole, « moi tel élève je parle, j'ai prise sur le monde... » ;
- du devenir d'une pensée « ce que je pense, je le formule comme ça... » ;
- d'une compréhension en acte, elles permettent aux élèves de se comprendre au moment même où ils libèrent leur parole. « ce que j'exprime c'est peut-être confus mais cela reflète le cours de ma pensée ».

Parce que ces régulations transitives reflètent une pensée en mouvement, elles impliquent progressivement l'élève dans le contexte d'apprentissage. Ces régulations permettent un passage : l'élève entrevoit des perspectives d'investigation et sa curiosité est piquée.

TROISIÈME PARTIE

LES PRATIQUES EN QUESTION

PRÉAMBULE

La présentation des pratiques évaluatives en cours à l'école peut prendre l'aspect d'un inventaire négatif si l'on considère que les pratiques n'ont pas évolué : les conseils de classe apparaissent austères jusqu'à rappeler l'ambiance d'une cour d'assises, la notation reste sujette à de grandes variations et s'affiche comme une pratique peu fiable, les procédures de contrôle restent les clefs de voûte de l'évaluation scolaire. Ce tour d'horizon pessimiste s'inscrit trop dans une visée prescriptive en quête d'une pratique idéale pour souffrir une confrontation avec les usages quotidiens de l'évaluation.

Le parti pris est inverse : rendre compte des pratiques qui émergent ça et là entre improvisations et bricolages afin de constituer une vitrine des possibles. Puisque le « quotidien s'invente avec mille manières de braconner » (De Certeau, 1990), les tactiques des enseignants seront envisagées et présentées non pas avec l'idée d'un fondement homogène, mais plutôt dans la perspective d'une collection de possibles. Des pratiques restent enfouies, tant les mots manquent pour les exprimer, tant les bricolages ne sont pas perçus comme porteurs d'intérêt collectif. Dans cette troisième partie, nous poursuivons un double but : redonner un statut à l'existant et contribuer à une réflexion sur les pratiques.

CHAPITRE 1

L'évaluation dans la vie de la classe

L'évaluation est affaire de communication entre l'enseignant chargé par l'institution de la transmission des savoirs et les élèves censés s'approprier ces mêmes savoirs. Mais de quelle communication s'agit-il ?

Une première démarche, plutôt courante, s'inspire de la communication linéaire dite « télégraphique » et place l'élève dans un rôle de récepteur passif. Dans un tel cas de figure, les attentes de l'enseignant, malgré l'énoncé des consignes, peuvent rester implicites, voire peuvent être décodées par une minorité d'élèves, ou bien encore, apparaître par défaut au moment de la correction, une fois que la tâche a été effectuée.

Une seconde démarche fondée sur une approche interactive de la communication, dite « communication orchestrale » (Winkin, 1981), basée sur un ensemble d'échanges entre interlocuteurs, mobilise les élèves. Ces derniers jouent alors un rôle actif dans l'instauration d'un espace de communication.

Cette seconde approche permet de concevoir l'évaluation comme une démarche d'explicitation des exigences ou attentes de l'enseignant quant à l'acquisition d'un savoir en même temps qu'elle est une démarche d'élucidation du fonctionnement des savoirs pour l'élève. En classe, la communication orchestrale peut concerner deux types de situations d'apprentissage que nous nommerons respectivement situation-projet et situation d'appropriation.

1

LA SITUATION-PROJET

La situation-projet est une situation de mobilisation de l'imagination de l'élève au cours de laquelle il élabore des représentations du « contexte classe », entrevoit des liens entre sa situation dans le lieu scolaire et les gains qu'il peut en retirer. Durant cette phase de mise en perspective, il envisage le déroulement d'une séquence à venir ou sur le point de commencer et questionne sa culture personnelle afin de mobiliser certaines connaissances pour l'action. L'évaluation joue alors le rôle d'une aide au questionnement : elle lui permet de se donner des repères en situation, c'est-à-dire, de construire une grille d'interprétation de ce qui se joue en classe et d'envisager les conséquences possibles pour lui. Tout en s'orientant, il conçoit le projet d'apprendre. Si l'évaluation réside dans le processus d'interpellation des connaissances et des savoirs acquis, elle permet aussi la reconnaissance des zones d'ombre, d'espaces d'incertitudes par lesquels l'élève peut éprouver le désir d'en savoir plus et peut entrevoir la nécessité de l'apprentissage. De son coté, l'enseignant soucieux de donner des repères aménage un temps de réflexion, un espace de parole, installant les conditions d'une construction collective du projet d'apprentissage. Comme le rapport au savoir peut être très variable selon les élèves, la situation-projet correspond à un temps de préparation au cours duquel les fonctions de curiosité, d'ignorance, du jeu, du défi produisent un effet d'amorce.

2

LA SITUATION D'APPROPRIATION

Dans la situation d'appropriation, l'élève, confronté à une tâche, s'aide de critères de réalisation pour l'accomplir et veille à autoévaluer son travail. Autrement dit, l'évaluation est un processus d'accompagnement de l'élève dans la réalisation de la tâche, l'informant, chemin faisant, de la pertinence et de la justesse de son action. À la différence de la première situation, il y a centration de l'élève sur un processus d'objectivation. Il vit alors une situation de confrontation avec des éléments de savoir qui impliquent la mise en œuvre de compétences complexes.

Que dire de ces deux situations ?

- La première tente de mobiliser l'élève dans la mise en évidence de ses connaissances personnelles et l'incite à réfléchir sur sa relation au monde et sur son rapport au savoir.
- La seconde tisse des liens plus étroits avec les savoirs scolaires.

Si la situation-projet constitue un déclencheur d'intérêt, amenant l'élève à se situer par rapport à l'apprentissage, la situation d'appropriation prolonge concrètement cet intérêt en organisant la confrontation avec les savoirs de référence.

Quelle que soit la situation, le passage vers la forme scolaire ne peut se faire sans la participation des élèves. C'est dire que la classe est entendue comme une communauté de recherche. Mais qu'est-ce qu'une communauté de recherche ?

Penser la classe comme une communauté de recherche implique une nouvelle répartition des places entre enseignant et élèves. Dans les situations courantes de formation, la dimension paradoxale de la communication tient d'une part, de la position d'autorité de l'expert qui fait semblant de ne pas savoir, d'autre part, de la communication limitée par ce qu'il « faut savoir et retenir » et par l'impossibilité pour l'apprenant d'émettre une signification personnelle. Bref, penser la classe comme une communauté de recherche implique que le paradoxe de l'expert qui questionne le novice soit déjoué. Lorsque celui qui sait interroge le novice, il attend une réponse claire et définitive. Les questions qui apparaissent comme des devinettes, celles qui coupent la réflexion, les questions à la cantonade sont autant de procédés d'épuisement de l'élaboration intellectuelle. Cette relation asymétrique, à l'avantage de l'enseignant, ne permet pas vraiment à l'élève d'élaborer sa pensée. Il sait qu'il a réussi ou échoué lors d'un retour sans appel et la production qui le catégorise, en tant que bon ou faible apprenant, le maintient dans un isolement intellectuel. La position frontale de l'enseignant scinde tout esprit d'apprentissage communautaire : les élèves se font face plus qu'ils ne coopèrent, se volent le pouvoir de dire. Aussi, les espaces discursifs où les élèves ont le pouvoir de dire sont recherchés afin que les échanges entre pairs permettent un jaillissement d'idées, un foisonnement d'expressions sans lesquels toute construction de sens reviendrait à suivre, voire à emboîter le pas de l'enseignant.

Revenons à la première situation, lorsque l'autoévaluation permet la mobilisation des idées et favorise l'élaboration de significations. Cette situation est capitale pour l'élève, elle a un effet déclencheur. Le dispositif de questionnement, aménagé par l'enseignant, incite les élèves à développer un esprit de recherche et à apostropher le sens de ce dont ils font l'expérience.

3

QUESTIONNER SES CONNAISSANCES

L'enjeu d'une situation d'évaluation réside dans la capacité des élèves à activer des références, des idées personnelles qui feront l'objet d'un questionnement. Ce processus autoévaluatif ne peut opérer que si les élèves sont porteurs d'idées, agis par un esprit de recherche, déroulant une pensée tâtonnante mais personnelle. Pour l'enseignant, il s'agit non seulement de solliciter l'élève dans ses processus de compréhension mais aussi de lui dire qu'il est porteur d'une culture personnelle souvent métissée à partir de laquelle il élaborera des significations. Pour cela, l'enseignant devient instigateur de la situation-projet en aménageant un dispositif de questionnement, laissant circuler la parole des élèves.

Envisageons une telle situation où l'autoévaluation revient pour l'élève à être impliqué dans un processus de mobilisation de ses idées et d'élaboration provisoire de significations.

Situation 1 : la lecture de textes informatifs

Une situation d'apprentissage de la compréhension de textes informatifs au cycle 3 de l'école élémentaire. Il s'agit d'un projet d'apprentissage élaboré à partir d'une réflexion de classe sur les difficultés de lecture rencontrées par les élèves. Lorsqu'ils lisent des textes documentaires en bibliothèque ou en classe et qu'ils cherchent à communiquer ce qu'ils ont lu et compris, les lecteurs peinent. Le projet court sur 7 semaines. Chaque semaine, au cours d'une séance d'une heure, les élèves apprennent à mobiliser leurs propres connaissances pour comprendre un texte issu d'un documentaire géographique, historique ou biologique. La première phase de la séance (environ 15 à 20 minutes) place les élèves dans un travail en dyade. Les lecteurs échangent leur compréhension du texte avant même que l'enseignant n'intervienne. Dans une seconde phase, collective, les compréhensions de texte sont discutées.

Afin d'organiser les échanges entre lecteurs et dans le but de les aider à élaborer une compréhension du texte, deux séances ont été aménagées pour construire un outil d'aide à la compréhension. Cette grille vise à orienter l'élève vers une attitude de recherche et l'incite à mobiliser ses connaissances. Au bout de deux séances, une feuille de route est élaborée, tapée sur ordinateur et distribuée à chaque lecteur. Chaque élève sait qu'il peut utiliser cette feuille, se reporter sur un indicateur pour anticiper son action ou bien encore contrôler son activité en cochant, chemin faisant, les cases qui correspondent aux actions qu'il a mises en œuvre.

Cette feuille de route comporte des indicateurs d'action qui renvoient à des critères de plausibilité du sens, de fluidité de la pensée, de distinction, d'articulation des idées, d'expression personnelle dans l'élaboration de la compréhension du texte. Cet outil incite les lecteurs à vivre trois phases et ainsi,

1. à mobiliser leurs connaissances personnelles

« Pour comprendre un texte informatif »	
Les actions que j'effectue	**Évaluation**
1. Je dis ce que je sais à propos du titre – j'exprime des idées proches du titre – je donne plusieurs idées	
2. j'étudie le texte (je le lis)	
3. je compare avec mes idées de départ : – ce que je retrouve – ce qui change – ce qui est nouveau	
4. je résume le texte – avec mes mots – en peu de mots – je mets mes idées en ordre (je hiérarchise)	

TABLEAU 1
Feuille de route pour la compréhension d'un texte informatif

2. à relier les connaissances personnelles avec les informations textuelles, une fois le texte lu
3. à élaborer une synthèse.

La compréhension qui résulte de cette séquence est une compréhension singulière, indépendante des modèles dits « experts » de la compréhension de texte, habituellement utilisés par l'enseignant lorsqu'il est l'initiateur de la démarche. Il y a donc un parti pris, celui de différer les approches expertes de la lecture pour offrir aux lecteurs une plage de réflexion au cours de laquelle les significations qu'ils élaborent permettent des rapprochements avec des situations vécues et une confrontation directe avec le texte.

Pourquoi cette démarche ? Au moins deux arguments peuvent être avancés :

- Permettre à l'apprenant de comprendre la situation d'apprentissage dans laquelle il est impliqué. Ainsi, certains élèves cherchent à créer un rapport de familiarité avec la situation. L'entrée dans la tâche demande du temps et, dans ce cas, l'enseignant fera en sorte de favoriser une dimension temporelle en installant l'élève dans un rapport à l'apprentissage.
- Mettre en évidence les projets de connaisssance des élèves qui interagissent en situation scolaire et qui peuvent constituer des aides dans la tâche « ah oui, moi... je sais que... j'ai vu déjà... ».

L'autoévaluation, ici, est donc au service du questionnement des lecteurs, elle contribue à l'élaboration de leur compréhension. Considérons certains échanges entre élèves lorsqu'ils prennent connaissance du titre du texte, « Le pays des gratte-ciel », et qu'ils s'aident de la feuille de route.

Dans les dialogues qui suivent, les caractères gras marquent le fait que les lecteurs verbalisent les critères de la feuille de route.

- **Une dyade du CE2, Zaher et David**

Z — je sais pas... gratte-ciel

D — c'est une tour comme une aiguille et aussi je sais où y'en a des gratte-ciel c'est en Amérique... moi j'en ai vu que à la télé... nous la tour qu'on a ici elle est basse et un gratte-ciel c'est dix fois plus grand... alors on a dit des idées

- **Une dyade du CM1, Rafik et Younouss**

R — C'est comme un immeuble, ya des immeubles qui s'appellent les gratte-ciel

Y — je sais pas

R — ... avant je faisais la collection de... Junior, eh ben, y'avait, je lisais ce qui y'avait écrit, après y'avait écrit gratte-ciel... c'est comme des immeubles... peut-être, le pays où ya que des immeubles, des gratte-ciel

Y — on a donné des idées sur le titre

- **Une dyade du CM2, Sophia et Laurence**

S — Des gratte-ciel c'est des bâtiments qui vont presque jusqu'au ciel.

L — Dans ce pays où y'a que des grands, grands immeubles à peu près comme l'Amérique et plus précisément une ville, New-York, voilà c'est des immeubles qui sont grands, grands, grands qu'en fin de compte on croit qu'ils touchent le ciel.

S — Mm...

L — Voilà... et on a fait une poésie dessus.

S — Voilà, moi aussi.

L — Alors, on a donné des idées, on en a fait plusieurs, tes idées sont terminées ?

S — mm

L — Très bien.

Ce qui s'échange entre lecteurs relève d'un ensemble de connaissances plus ou moins précises, plus ou moins disparates où l'expérience personnelle, la comparaison avec un contexte connu, les lectures antérieures, témoignent d'une culture personnelle. Ce rapport à la culture personnelle est essentiel dans le processus de compréhension puisque le lecteur reviendra sur ce qu'il sait et cherchera à établir des liens avec le texte.

Après ce premier temps de mobilisation des connaissances des lecteurs, le texte est distribué et les lecteurs élaborent leur compréhension à l'aide de la feuille de route. Un exemple de texte est présenté, ci-après, et suivi de dialogues d'élèves du cyle 3 (CE2, CM1, CM2).

Les villes américaines ont été construites selon de nombreux styles architecturaux.

La Nouvelle-Orléans est marquée par les influences française et espagnole, ... Washington par l'élégant style colonial, et New-York par la technique, avec ses gigantesques gratte-ciel. Philadelphie et Boston, fondées au XVIIe siècle par les colons britanniques, ressemblent un peu à des villes anglaises.

Dans un passé récent, beaucoup de gens se sont installés dans les banlieues des villes, ce qui a entraîné la construction de grands ensembles à la campagne. Dans les zones urbaines, comme la Mégalopolis sur la côte Est, il est parfois difficile de dire où se termine la banlieue d'une ville et où commence celle d'une autre !

(Pays et peuples - États-Unis - Hachette 1990)

- **Le point de vue de Zaher et David (CE2)**

Z — c'est quoi un gratte-ciel ?

D — je te l'ai dit c'est comme une grande tour

Z — et aussi c'est à New York

CIT La Nouvelle-Orléans est marquée par les influences françaises et espagnoles... Philadelphie et Boston fondées au 17 ème siècle par les britanniques ressemblent un peu à des villes anglaises

Z — et aussi...

D — **tu vas résumer un peu le texte** pour moi un gratte-ciel c'est bien mais tu crois que y'en a qui montent et qui peuvent se jeter de la-haut

Z — non... moi le gratte- ciel ça été construit en Amérique à New York, en Amérique.

- **Du côté de Rafik et Younouss (CM1)**

Y — tu avais raison tout à l'heure....

R — ... y'a écrit « il paraît difficile de dire où se termine une ville et où commence une autre »

Y — par exemple, tu as vu l'école, toute l'école c'est une ville, après si y'a des gens qui viennent, on va être obligé de l'agrandir, ils vont faire plus grandi alors après à chaque fois, ils vont faire des autres villes comme ça…

R — ce titre : le pays des gratte-ciel, moi je croyais que le pays des gratte-ciel c'est des immeubles qui sont grands, qui ont des vitres teintées

Y — aussi à New York, ils ont des gratte-ciel, c'est grâce aux techniques, à l'architecture, c'est grâce à l'architecte qu'ils ont fait des gratte-ciel….

R — à Chicago, à Washington, à New York

Y — et aussi, tu as vu à Boston et à Philadelphie hein… eh ben, avant, avant ils ont fait des bâtiments tout ça, et Boston et Philadelphie, ils ressemblent un peu à l'Angleterre ils ont dit « la Nouvelle Orléans est marquée par les influences françaises et espagnoles »

-R- c'est méchant ! les gratte-ciel parce que…

Y — ah ! ah !… c'est bien, c'est bien les gratte-ciel parce que au lieu de mettre 2 immeubles, 2 bâtiments ou 3 eh ben ça fait 1 bâtiment

R — en plus et ça fait plus grand….comme y'a un bâtiment à la Castellane…

Y — ça fait peur aussi

R — quand l'ascenseur est en panne, tu vas à pied.

- **Pour Sophia et Laurence (CM2)**

S — **Qu'est-ce que tu trouves de nouveau ?**

L — Comment ?

S — **Qu'est-ce que tu trouves de nouveau ?**

L — Vis-à-vis du texte ?

S — Mm.

L — De… ben rien qui y'a de grands immeubles et… on parle de New York… que « la Nouvelle-Orléans est marquée par une influence française et espagnole… »

S — Moi, **qu'est-ce que je trouve de nouveau**… c'est depuis le XVIIe siècle qu'ils ont été construits et y'en a beaucoup à New York, à Boston.

L — À Philadelphie.

L — Voilà… et aussi *ce que je trouve* : ça y est ; *ce qui change* : c'est fait ; *ce qui est nouveau* : c'est fait.

S — **je résume le texte en quelques mots**… Ils nous disent que la ville américaine, y'en a beaucoup de construit, que y'en a beaucoup à New York, à Boston, à Philadelphie... il nous explique depuis combien de temps il a été construit,

L — Oui... ben en Amérique y'a beaucoup de gratte-ciel à New-York, à Philadelphie, tout ça... y'en a beaucoup et que ça a été construit au début du XVIIe siècle, **voilà**.

Pour les lecteurs, ces échanges constituent les premiers liens avec l'écrit. Ils expriment leurs difficultés devant un texte qui présente différents types de contructions au lieu, comme le titre le laissait supposer, de décrire les gratte-ciel. Les significations élaborées relèvent de jugements de valeurs, de fictions, de surinterprétations qui permettent aux lecteurs de se frayer un chemin dans un texte abstrait. De façon empirique, les élèves élaborent leur compréhension de texte. En outre, les synthèses produites sont particularisées, nettement dépendantes de la culture personnelle de chaque lecteur. En ce sens, il s'agit plutôt de mots de transition, porteurs de sens.

Trois caractéristiques sont ici présentes.

1. L' autoévaluation comme aide au questionnement ne relève pas de la poursuite d'un cap fixé selon un modèle pré-existant, elle incite les lecteurs aux tâtonnements, à la réflexion continue : Perret-Clermont (1992) ne dit-elle pas que « comprendre c'est un acte autonome, intérieur, libre qui ne dépend pas de liens d'autorité » ?
2. Cette démarche accepte la part inachevée des régulations entre pairs. Cette part devant susciter le désir d'aller plus loin, sur la base des **mots de transition** élaborés par les élèves. Les mots de transition s'expriment dans les paroles de synthèse formulées à la fin de leur travail.
3. L'évaluation comme questionnement travaille sur deux plans :
   - la création de liens, les élèves qui ont peur du changement recherchent une connivence dans l'apprentissage tandis que d'autres cherchent à se situer dans le contexte d'apprentissage ;
   - l'aménagement de la rupture en centrant les élèves sur des opérations de pensée. Une réflexion s'ouvre alors sur les contenus thématiques du texte.

La situation de compréhension de texte est ainsi régulée par le processus d'évaluation.

En centrant les lecteurs sur la mobilisation des idées émises, en les impliquant dans un travail de recherche et d'apostrophe du sens anticipé par rapport à la lecture du titre du texte, l'évaluation joue sur deux plans : au plan de la compréhension de ce qui se joue dans la situation d'apprentissage et au plan de la construction du sens. L'autoévaluation

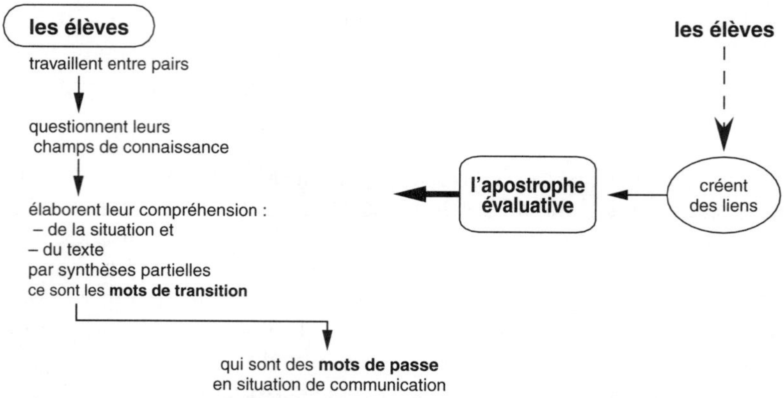

FIGURE 8
L'évaluation dans la recherche de sens

apparaît alors comme un révélateur de la culture bigarée de l'élève, en cela, elle permet une ouverture du sens (cf. partie 2).

Considérons une seconde situation qui peut se dérouler à la suite de celle-ci, en amenant progressivement le lecteur à approfondir sa compréhension du texte selon des objectifs fixés et négociés en classe.

4

UNE DÉMARCHE D'APPROPRIATION DES COMPÉTENCES

Cette seconde démarche, connue sous le terme d'évaluation formative, offre aux élèves la possibilité de prendre progressivement conscience de l'utilité des critères de réalisation d'une tâche pour atteindre le but fixé en classe.

Comment les critères surgissent-ils en classe ? Comment sont-ils recherchés, élaborés par les élèves ? Si les critères sont le fruit d'une recherche collective et d'une élaboration négociée avec le maître, la démarche ressemble à la précédente pourtant, cette fois-ci, les critères se différencient des précédents. Ils dépendent d'un contenu de savoir et, dans le cas de la lecture qui figurait dans l'exemple précédent, relèvent d'une approche didactique de la compréhension de texte.

En effet, dans la situation d'apprentissage de la compréhension de textes informatifs, il s'agit d'introduire des démarches expertes. Si l'enseignant choisit de valoriser l'approche structurale du texte, il optera pour une organisation des éléments textuels et négociera avec ses élèves un schéma de compréhension autour de grandes catégories d'informations. Ainsi, les critères qui suivent pourront être distingués : localisation des gratte-ciel, genèse de leur architecture, modalités de construction, fonctionnalité. Cette négociation aboutit à la production d'une feuille de route formulée avec des verbes d'action :

« J'organise les informations du texte »	
Les actions que je fais	**Évaluation**
1. je précise le lieu de leur construction	
2. je précise leur date de construction	
3. je distingue différents types de constructions	
4. j'explique leur utilité	

Tableau 2
Feuille de route utilisée dans une démarche formative

Cette grille spécifiant des indicateurs (plus accessibles pour les élèves) oriente la lecture des élèves et participe à la structuration de la compréhension du texte. La situation d'évaluation formative met en scène une grille objectivée (et non pas objective) de la compréhension de texte.

Situation 2 : la production d'écrits

Dans le cadre de chantiers d'écriture, les élèves sont censés construire des compétences d'écriture sur un type de texte donné (les recherches didactiques aujourd'hui s'orientent vers les genres). Pour cela, ils ont à s'approprier les éléments constitutifs qui caractérisent ce type de texte à partir d'une tâche de comparaison de textes. L'atteinte de cet objectif nécessite un travail de distinction : les élèves repèrent les éléments à garder dans telle production et les éléments à enlever dans telle autre en définissant des similitudes et des différences. D'autres élargiront les investigations en proposant des idées personnelles, en empruntant à telle situation d'écriture déjà vécue une règle, une méthode. La classe devient un laboratoire d'idées !

L'enseignant crée une situation au cours de laquelle ce travail est possible, notamment, en organisant des » tâches pré-texte » qui mettent les élèves dans une posture d'attitude critique. Il peut également présenter des productions anonymes et hétérogènes d'élèves. Ces tâches constituent le pré-texte d'un savoir en train de se construire.

Ce qu'est une **tâche pré-texte :**

- elle génère un certain nombre de réflexions autour du savoir en jeu ;
- elle favorise l'attitude critique des élèves, les incite à répertorier des points utiles pour la réalisation du produit ;
- elle constitue une fiction anticipatrice du savoir en jeu.

Les élèves sont lancés dans un processus de pointage d'éléments susceptibles d'être retenus pour une tâche à venir. Ce qui implique le prélèvement des bonnes idées, des erreurs, des éléments non pertinents pour la réalisation de la tâche. Ce travail de discrimination : éléments à garder / éléments à ôter / éléments à intégrer, permet l'émergence de repères, la mise en évidence de certains critères. L'analyse des tâches est un moyen puissant pour aider les élèves à identifier des critères. Cette situation peut se dérouler très tôt à l'école, en maternelle. Zerbato-Poudou (1994) part de l'analyse de tâches d'écriture pour favoriser la prise de conscience des critères de jeunes élèves de moyenne section.

4.1 – Comment les élèves s'approprient-ils les critères ?

Les critères identifiés ne sont pas automatiquement appropriés par l'ensemble d'une classe, aussi la communication entre pairs, à propos de la tâche, favorise-t-elle la prise de conscience des critères. C'est en faisant et en se reportant aux critères, en procédant à des autoévaluations, des co-évaluations (éléve-élève, élève-maître, élève-groupe conseil) que les critères deviennent un enjeu de collaboration. L'appropriation des critères suscite des conflits d'ordre socio-cognitifs qui obligent les élèves à les verbaliser, à les expliciter à leur pair, à les mettre en rapport avec le produit en cours d'élaboration. La dispute autour des critères sert le processus d'appropriation.

Les critères ne sont ni universels ni intemporels. Ils ont une « durée de vie » et une zone d'influence limitées. À quoi servirait de garder un critère approprié lorsque d'autres sont encore indifférenciés ? C'est l'idée que les critères ne sont pas donnés d'emblée comme une liste d'ingrédients qu'il suffirait d'utiliser. Les critères sont donc évolutifs. Un élève ne peut travailler avec un listing même si en pratique les critères apparaissent en grappe. Certains critères sont au voisinage d'autres critères avec lesquels ils partagent un lien de cohérence. Donc les critères peuvent être pertinents à certaines phases de l'action et réapparaître ou disparaître ultérieurement (Bonniol et Genthon 1989).

Travailler avec des critères permet une communication constructive autour des compétences scolaires. Cette communication est déjà préparée par un travail en amont lorsque les élèves ont le temps d'interroger leurs connaissances, elle se prolonge de façon approfondie dans le but de favoriser et de différencier les modes d'appropriation des élèves. Dans le schéma qui suit, les deux situations d'apprentissage sont articulées :

- l'une vise la création de liens entre l'élève et l'action, la relation entre ce qu'il sait et ce qu'il peut utiliser ;
- l'autre se préoccupe de la relation au savoir et travaille à la rupture.

Le rapport au savoir tissé par l'élève nécessite une double lecture : tout d'abord, il existe sous la forme de sa relation au monde, sous la forme de son inscription dans la situation scolaire. Puis, il se transforme dès que l'élève est confronté directement au savoir. Les élèves vivent alors un processus complexe fait de liens et de ruptures.

Ce schéma peut être transposé pour des situations mathématiques de compréhension de problèmes. Si l'enseignant organise un travail entre élèves à propos de la compréhension d'énoncés de

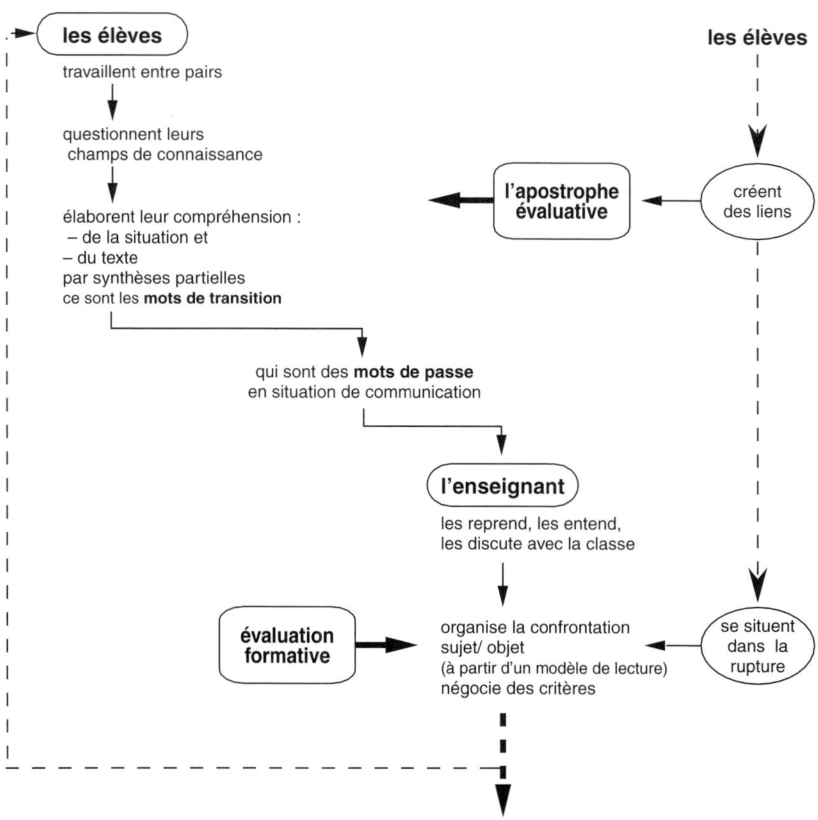

FIGURE 9
Les démarches d'évaluation dans l'apprentissage de la compréhension d'un texte informatif

problèmes, les échanges sollicités à l'aide d'une feuille de route peuvent porter sur la compréhension de la situation présentée dans l'énoncé, avant que les élèves n'en viennent au traitement du problème. Deux temps sont alors organisés :

- une première phase donne l'occasion aux élèves de reformuler la situation, de la verbaliser, d'échanger sur des termes difficiles par leur lexique ou sur une situation peu connue. Ces échanges peuvent occuper un long moment. Au cours du dialogue les élèves repèrent des données numériques, la ou les questions, les informations de base ;
- une seconde phase est alors prévue qui concerne la résolution du problème, la mise en œuvre des critères de réalisation spécifiques au type de problème.

Sur le plan des apprentissages, la démarche présentée à propos de la compréhension peut servir de base de travail pour d'autres apprentissages.

5

S'ORIENTER DANS L'UNIVERS DES GRILLES D'ÉVALUATION

De nombreux supports offrent aux enseignants des grilles d'évaluation dénommées encore grilles critériées, feuilles de route, grilles de relecture, grilles méthodologiques... Ces grilles sont censées promouvoir un travail d'autoévaluation de l'élève si ce n'est de co-évaluation avec le maître ou avec un autre élève. La floraison des grilles dans les manuels s'accompagne rarement d'un guide de l'usager, il manque bien souvent les différents modes d'utilisation, modes de combinaison entre les grilles présentées et les situations d'apprentissage.

Des précautions s'avèrent utiles de telle sorte que l'évaluation ne devienne pas une technique d'emprunt faisant de l'enseignant un collectionneur de grilles préexistantes. Aussi, les photocopier, dans tel ou tel fichier, reste problématique et pose la question de leur usage, de leur transfert dans le contexte d'une classe, d'une école ou d'un établissement. En matière de grille, le kit évaluatif est un leurre. Aussi, n'est-il pas superflu de comprendre l'intérêt d'une grille d'évaluation, d'en saisir les aspects multiples afin de situer l'importance de cet outil de communication et d'interprétation de la production scolaire. Dans le passage qui suit, la grille d'évaluation est présentée sous la forme d'une feuille de route. Cette dénomination tend à souligner la caractéristique majeure de la grille, elle accompagne l'élève dans son apprentissage, elle est un repère, un outil au service de son apprentissage. Mais comme toute carte, aussi précise et fonctionnelle soit-elle, elle n'est pas le territoire !

5.1 – La feuille de route comme collection de critères

Les critères se présentent sous l'aspect d'une collection (qui n'est pas une liste exhaustive ou une check-list) et figurent sur une feuille de route. Cette feuille matérialise des repères qui sont autant de références pour l'élève et joue le rôle d'une parole intermédiaire remplaçant la parole de l'expert, difficile à comprendre et à suivre. La feuille de route est, en quelque sorte, un contrat de communication explicité. Elle a une triple fonctionnalité :

- elle est d'abord une trace écrite, mémoire des procédures qui seront verbalisées et soumises au contrôle des élèves ;
- elle devient une feuille qui favorise la régulation puisque les critères permettent à l'élève d'anticiper sur l'action, de la modifier en cours et de lui substituer d'autres critères ;
- elle soutient l'investissement de l'élève, à tout moment il peut s'y référer.

La feuille de route, simple outil-guide, prend un statut formatif pour l'apprenant : elle contient sa dispersion en l'orientant dans l'action, elle le libère en facilitant son expression. Mais cette autonomie ne se gagne pas aussi facilement. Les élèves ont tendance à ne pas utiliser la feuille de route dans un premier temps, puis, sous l'impulsion de l'enseignant, s'y reportent plutôt timidement pour enfin l'utiliser et lui donner un statut d'outil. Cela est d'autant plus paradoxal que les élèves ont participé à l'élaboration de l'outil ! De nombreuses situations nous incitent à comprendre la non-simultanéité du rapport élève-outil... Pour l'élève, la prise de conscience de l'utilité d'une feuille de route demande du temps, temps que l'enseignant accordera si son objectif est de développer l'autonomie et la réflexion critique. Temps qu'il aménagera puisque le questionnement conduit vers la voie des régulations.

Pourquoi parler d'une feuille de route ? Qu'est-ce qui justifierait l'imposition d'*une* feuille de route à l'ensemble de la classe ? Comment tenir compte des parcours d'apprentissage des élèves ? Comment tenir compte de leur hétérogénéité ? Des parcours critériés différents peuvent faire l'objet d'une négociation. Ainsi, les feuilles de route n'évoluent pas de la même façon et illustrent l'idée que l'appropriation d'une compétence dépend de processus singuliers, hétérogènes par rapport au référentiel établi. Dans ce cas, des feuilles de route personnalisées peuvent être élaborées.

Cette élaboration est problématique lorsqu'elle reste à la charge de l'enseignant. Les capacités de réflexion des élèves ne sont-elles pas éludées lorsque les règles du jeu sont prescrites par l'enseignant ? Ce contrat est-il accessible à l'apprenant ? Dès lors, il nous reste à **distinguer le processus de contractualisation du processus de négociation.**

5.2 – La démarche de contractualisation

Lorsque les critères sont avancés par l'enseignant, une sorte de contrat explicite se met en place avec les élèves. Les balises pour faire étant ce qu'elles sont, les élèves travailleront en fonction de ces critères. On peut considérer avec cette démarche que les critères donnés s'apparentent plus à des normes à respecter qu'à des éléments ayant fait l'objet d'un choix, d'une réflexion. Si l'enseignant considère que les critères ne pourront pas faire l'objet d'une découverte par les élèves, il décide de les communiquer. Il reste que la démarche de contractualisation nécessite beaucoup moins de temps puisque l'enseignant divulgue les règles à suivre et que la trajectoire de l'apprentissage est tracée. Cet interventionnisme prend ses distances avec une approche plus constructiviste au cours de laquelle « l'enseignant et le savoir avancent sous le masque » (Brousseau cité par Astolfi et Develay, 1991). Ce procédé peut s'avérer périlleux au regard de la dimension temporelle de l'apprentissage : il faut souvent beaucoup plus de temps que prévu à un élève pour comprendre et intégrer des règles.

5.3 – La démarche de négociation des critères

En revanche, l'enjeu d'une élaboration avec la classe réside dans la possibilité pour les élèves de verbaliser les éléments constitutifs de la tâche, de réfléchir ainsi à une stratégie par anticipation. Cette recherche collective installe un processus de négociation des critères. Les dimensions temporelles de l'apprentissage sont prises en compte dès lors que les élèves cherchent les éléments caractéristiques de la tâche. Ainsi, la prise de conscience des critères, leur choix préférentiel en fonction de la tâche définie, le seuil de difficulté pour tel ou tel élève, conduisent à ne pas générer un parcours linéaire auquel les élèves devraient se plier. La hiérarchie de l'enseignant n'est pas celle de l'élève ! Si certains critères apparaissent pertinents pour la réalisation à venir, ils ne sont pas automatiquement privilégiés par les élèves tant leur logique de fonctionnement diffère de la logique de la tâche. Pas de critère idée fixe que l'enseignant voudrait transmettre, mais écoute différentielle des élèves. Certains d'entre eux travailleront sur des critères qui constituent un enjeu, d'autres, parce qu'il y a eu appropriation, développeront des compétences autour de nouveaux critères. Une hiérarchie, a priori, tendrait vers une rigidification de la conception de l'apprentissage et constituerait une mise en ordre illusoire.

Le langage des critères reste un langage abstrait qui peut constituer un obstacle pour les élèves. À l'école primaire, les feuilles de route présentent les critères en termes d'actions ou d'opérations, il s'agit alors d'indicateurs. Tout l'intérêt réside dans l'élaboration de la feuille de route avec les élèves.

5.4 – Deux types de grille d'évaluation

Si la présence de l'évaluation est bien réelle en classe, nous avons cherché à distinguer deux moments particuliers de l'apprentissage et, par conséquent, spécifiques du point de vue de l'évaluation. Aujourd'hui, lorsque l'évaluation formative investit le lieu de la classe, les élèves manipulent des critères de réalisation en effectuant une tâche, ces critères lèvent l'ambiguïté de la consigne traditionnelle. Il reste que le questionnement est souvent éludé tant les impératifs de temps imposent à l'enseignant un rythme soutenu. Or, ce processus autoévaluatif suppose un dispositif de circulation de la parole et de réflexion de l'élève sur ses propres connaissances. Dès lors, l'évaluation, dans la vie de la classe, revient à privilégier deux perspectives (cf. schéma) :

- l'une cherche à mettre en évidence l'esprit de recherche, c'est-à-dire la capacité de l'élève à se questionner ;
- l'autre mobilise son esprit d'intégration-appropriation, elle centre l'élève sur la confrontation avec le savoir.

FICHE 7 **La démarche autoévaluative de l'élève**

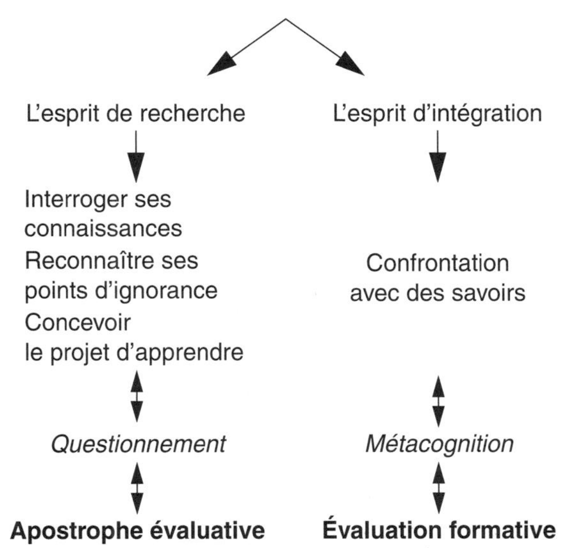

Ces deux perspectives peuvent être étayées par des grilles d'évaluation. L'enseignant peut donc distinguer :

1. des grilles orientées vers la réflexion personnelle, vers le questionnement. Ces grilles mobilisent des critères d'expression et de pertinence. Dans ce cas, l'élève entre dans un processus de recherche de sens, mobilise ses connaissances, les met en perspective pour

évaluer leur pertinence par rapport au projet d'apprentissage visé ;

2. des grilles orientées vers l'appropriation de compétences. Elles spécifient des critères de réalisation qui guident l'élève dans son action et dans sa confrontation avec les savoirs. Ces grilles supposent des activités métacognitives de la part de l'apprenant.

FICHE 8

13 clés dans l'élaboration de la feuille de route

1. Élaborer la feuille de route avec les élèves :
   – l'évaluation est un processus d'interprétation d'une action qui s'inscrit dans un espace de communication entre élèves et enseignant.
2. Énoncer la tâche à effectuer :
   – la feuille de route stipule le projet, lève l'ambiguïté d'une parole éphémère.
3. Reformuler les critères trop abstraits en verbes d'action :
   – la description de l'action en terme d'indicateurs est plus parlante pour l'élève que la dimension abstraite revêtue par le critère.
4. S'exprimer au présent :
   – la valeur du présent est incitative.
5. Utiliser le langage de l'élève :
   – les critères reformulés par les élèves correspondent à une première appropriation discursive sinon affective, ce sont leurs mots qui figurent sur la feuille de route.
6. Utiliser le « je » :
   – le « je » a l'avantage d'impliquer les élèves, a un effet d'interpellation.
7. Rédiger des phrases affirmatives
   – elles ont une valeur d'orientation dans la tâche.
8. Énoncer une seule idée par phrase :
   – une idée concise vaut mieux qu'un long détour discursif.
9. Produire un écrit limpide qui donne envie de l'utiliser.
10. Utiliser une formulation qui amène toujours le même type de réponse.
11. Penser des colonnes de co-évaluation (élève-élève ou élève-maître...) :
    – inscrire le regard tiers, les conseils de « l'autre ».
12. Faire évoluer la feuille de route :
    – la feuille de route ne consiste pas en un listing définitif, elle évolue au fur et à mesure de l'apprentissage.
13. Différencier les feuilles de route selon les cheminements des élèves :
    – l'intérêt d'une grille réside dans sa souplesse, en intégrant de critères optionnels, restituant l'aspect singulier d'une production (cas des productions écrites par exemple).

CHAPITRE

2

Contrôler, une pratique dépassée ?

« Lorsque je contrôle, j'ai le mauvais rôle, je fais mal mon métier ! À quoi sert le contrôle si évaluer c'est si bien ! »

Cette interprétation réactive, souvent entendue en formation, synthétise le malaise persistant autour des notions de contrôle et d'évaluation. Pourtant, il n'y a pas de gagnant dans cette supposée course après un idéal pédagogique, après ce désir de voie unique où se situerait le praticien. La réalité de la classe est plus complexe. La difficulté semble résider dans l'acceptation de ces démarches antinomiques, tant et si bien, qu'il paraît nécessaire d'apprendre à mettre en œuvre deux registres contradictoires et à faire en sorte que l'on puisse s'inquiéter, réciproquement, de l'influence trop grande de l'un ou de l'absence de l'autre : le contrôle renvoie vers l'évaluation et inversement.

Abandonner l'un pour l'autre ce serait oublier l'indispensable certification, abandonner l'évaluation pour le contrôle ce serait évacuer, niveler l'importance des processus auto-réflexifs des élèves. Bonniol (1988), sur ces oppositions simplificatrices, plaide en faveur d'une nécessaire articulation. En vue de quoi la certification oblitérerait-elle les processus d'apostrophe et de mise en mouvement du sens ? À penser l'un contre l'autre, on érige une démarche unique, on s'achemine vers le simplifié. De l'alternative, ne peut-on pas passer vers une pensée dialogique présentée par Morin (1986) comme articulation des contraires. Ainsi, l'enseignant se situerait dans les jeux complémentaires et opposés de la norme et du sens, du contrôle et de l'évaluation. Il reste au praticien à articuler ces pratiques différentes en se dégageant de la trop réductrice catégorisation « le contrôle c'est mieux... » ou bien « l'évaluation c'est... ». À chaque démarche sa logique, ses apports et ses limites. Tout comme les discours sur l'évaluation sont liés à des points de vue, les pratiques se développent à partir d'enjeux différenciés. La difficulté semble résider dans le fait de résister à la tentation d'un choix, d'une prise de position définitive. Cette tension à laquelle est tenu tout enseignant-évaluateur ne l'empêche aucunement de saisir les enjeux de l'évaluation sommative.

Considérons deux pratiques de contrôles courantes dans le monde scolaire, le contrôle continu et le livret scolaire (nous éviterons de présenter les pratiques des conseils de classe décrites et analysées par de nombreux auteurs (cf. en particulier, Marchand 1979, Baluteau 1993, Merle 1996, Boumard 1997)

1

LE CONTRÔLE CONTINU

Les contrôles sont toujours d'actualité à l'école ! Qu'ils soient prévus par l'enseignant ou aléatoires pour les élèves, les contrôles sont la source d'imaginaires sinon de fantasmes et de craintes. Les enseignants les préparent...

Les élèves s'y préparent aussi, parfois avec des stratégies de contournements, parfois, en remarquant certaines habitudes du maître qui développe un intérêt marqué pour tel point d'une grande leçon ou bien encore, qui lance au collectif des élèves de vives recommandations. Bien des signes sont décodés ! Enfin, lorsque le contrôle est annoncé, la fébrilité et la nonchalance, feintes ou assumées, font partie des attitudes des élèves.

Le contrôle continu demeure une méthode de demande de travail que l'enseignant met en scène dans les interrogations orales. Quel élève n'a pas vécu l'instant crucial et cherché à décrypter les gestes de l'évaluateur qui, ouvrant son carnet de notes et consultant la colonne des notes, repère une case vide qui le guide vers le nom de celui qui n'a pas encore de note et finit par lancer à la classe le nom du sacrifié !

Le contrôle constitue une méthode personnelle du professionnel qui estime qu'il chemine plus sûrement. Le contrôle ponctue un travail, un chapitre, voire une activité de soutien. Les traces qu'il collecte serviront doublement :

- à justifier le travail de ses élèves en classe ;
- à affirmer sa gestion de la classe auprès de l'institution et auprès des parents.

En outre, le contrôle collectif c'est aussi le moyen d'obtenir de façon économique des notes pour les bulletins scolaires. La part aléatoire du contrôle est diminuée par la répétition des contrôles et la moyenne qui en est faite est souvent jugée comme le miroir du travail de l'élève.

Lorsque l'enseignant décide de faire un contrôle, il est censé se référer à quatre exigences :

1. Différencier les types de tâches qu'il propose, et notamment, les hiérarchiser selon le degré de difficultés qu'elles sous- tendent. Cette démarche permet d'éviter de soumettre les élèves à des tâches routinières et indifférenciées dans leurs difficultés.
2. La seconde exigence liée à la première, concerne les précisions sur le produit attendu et, plus précisément, porte sur la lisibilité de la consigne. Sur ce point, les travaux de Mager (1977) ont permis de repérer un certain nombre d'implicites qui mettaient les élèves dans l'impossibilité de se représenter la tâche. Aujourd'hui, la consigne se transforme, notamment, sous la pression de l'évaluation formative. Désormais, les critères de réalisation influencent l'enseignant dans les contrôles qu'il organise et pour lesquels il communique les normes attendues.
3. Une troisième exigence relève de l'organisation de la situation de remise des copies. Souvent peu exploitée, elle pourrait selon Hadji (1997) être un moment privilégié de débat entre enseignant et élève.
4. Enfin, en installant les conditions de la correction ou de la régulation, l'enseignant peut, soit achever le cycle du contrôle, soit glisser vers une analyse formative de l'erreur.

1.1 – La différenciation des types de tâches

Les objectifs poursuivis par l'enseignant peuvent induire des tâches différentes. Ainsi, De Landsheere (1989) distingue des objectifs de maîtrise, de transfert et d'expression qui conduiront le praticien à préférer des tâches simples ou à installer des tâches complexes pour les deux dernières classes d'objectifs. Les tâches peuvent servir plusieurs buts.

- Du point de vue de l'élève :
  - assurer un ancrage notionnel ;
  - construire une compétence dans un nouveau domaine ;
  - provoquer un questionnement ;
  - susciter un intérêt pour un champ disciplinaire.
- Du point de vue de l'enseignant-évaluateur :
  - répondre à l'injonction institutionnelle de travail et d'évaluation scolaire ;

- assurer une occupation de telle sorte qu'il n'y ait pas de temps morts dans la classe ;
- vérifier un acquis ;
- promouvoir le retour sur une activité, promouvoir l'autorégulation.

• Du point de vue des parents :
- assurer les parents de la densité des activités scolaires ;
- démontrer l'importance du regard du praticien ;
- relayer la pression sociale au travers des exigences de l'institution scolaire.

Ces tâches d'évaluation peuvent apparaître comme des tâches justificatrices du travail scolaire, des tâches occupationnelles, des tâches de contrôle, des tâches formatives. Au quotidien, l'usage des tâches et les intentions du praticien ne s'appuient pas systématiquement sur une volonté délibérée ; la fonctionnalité de la tâche apparaît souvent au moment où elle est proposée.

Nunziati (1990) a distingué, entre les tâches d'analyse et les tâches de synthèse, des degrés de complexité croissante. Cette lecture est utile pour repérer une trop grande centration des apprenants sur des tâches simples, des exercices routiniers alors que les compétences nécessitent l'instauration de tâches complexes. Si les exercices concernent des processus élémentaires de reconnaissance et d'application de règles, les tâches complexes demandent une activité globale de l'apprenant et mobilise, alors, des opérations d'analyse, de synthèse et d'évaluation. Afin de saisir la distinction entre tâche simple et tâche complexe, il est intéressant de les envisager dans des dynamiques de classe.

Prenons le cas de la lecture du cycle 3e à la 5e. La palette des tâches de lecture offre les variations suivantes : des tâches d'entraînement, des tâches d'analyse, des tâches complexes. Les deux premiers types de tâches polarisent les élèves sur des processus élémentaires de reconnaissance et d'identification de mots, de lettres... Les tâches techniques appellent une maîtrise oculaire. Le recours massif aux tâches d'entraînement et d'analyse vise la maîtrise du savoir-lire : c'est alors une activité visuelle qui est sollicitée et non pas intellectuelle, il s'agit avant tout de réussir des actions parcellisées de lecture. Si l'enseignant poursuit le but de la construction des compétences en lecture, il choisira les tâches complexes parce qu'elles intègrent non seulement, les capacités techniques perceptives et analytiques mais aussi, des opérations de synthèse participant au développement de la compétence lecturale. En fonction de la finalité assignée au contrôle, l'enseignant choisira le degré de difficulté qu'il souhaite mettre en jeu.

• Tâches techniques :
- les stratégies perceptives (lecture intégrale, exploratoire, sélective) ;

FICHE 9

Tâche simple	Tâche complexe
L'enseignant	
• fixe un objectif • établit une progression • sélectionne des exercices de type analytique (trier, entourer, identifier) • est un contrôleur ou un pisteur / talonneur	• négocie une situation-projet, une situation-problème • vise la construction d'une compétence • est une personne ressource • est un conseiller • admet l'élève comme personne ressource
L'élève	
• fait l'exercice • travaille individuellement sur des temps courts	• interroge ses représentations • s'aide de critères • s'implique dans une démarche • travail individuel, entre pairs, en groupe, implication recherchée (durée)
Situation évaluative	
• évaluation par rapport à l'objectif défini • conformité et complétude attendues • évaluation sommative • contrôle de l'enseignant • remédiation par répétition d'exercices similaires • même contexte fonctionnel • activités de rattrapage	• évaluation critériée en situation • variabilité admise • évaluation formative • auto et co-évaluation • régulation en fonction des critères • nouveau contexte d'apprentissage
Compétences en jeu	
• application et généralisation	• transfert et créativité

- accroître l'acuité visuelle (élargir l'empan perceptif) ;
- lire à voix haute (aisance, clarté) ;
- mémoriser des mots, des suites de mots, des colonnes…
- test de lecture rapide.

- Tâches d'analyse :
  - deviner les lettres manquantes d'un mot ;
  - détacher les mots d'une phrase (ilfaitbeau) ;
  - lire la calligraphie d'un texte en partie gommé ;
  - compléter des textes à trous, phrases à trous (tests de closure) avec une liste prédéfinie ;
  - répondre à un QCM après lecture silencieuse ;
  - lecture à voix haute (reconnaisance des mots, phrases) ;
  - associer une phrase et un dessin ;
  - associer un texte et un dessin ;
  - réordonner un texte (puzzle).
- Tâches complexes (analyse-synthèse-évaluation) :
  - schématiser un texte ;
  - résumer un texte ;
  - commenter, interpréter un texte.

L'exigence pointée ici permet de noter un déséquilibre éventuel entre tâches d'entraînement et tâches complexes. Toute la question est de savoir si les élèves ont été préparés aux tâches complexes le jour du contrôle, s'il n'y a pas décalage entre les pratiques effectives de classe et le contrôle.

1.2 – De la consigne à l'explicitation des critères de réalisation

« Pourquoi viens-tu d'éteindre ton réverbère ?
C'est la consigne, répondit l'allumeur.
Qu'est-ce que la consigne ?
Et il le ralluma.
Mais pourquoi viens-tu de le rallumer ?
C'est la consigne, répondit l'allumeur.
Je ne comprends pas dit, le petit prince.
Il n'y a rien à comprendre, dit l'allumeur.
La consigne c'est la consigne. »

Le Petit Prince
Antoine de Saint-Exupéry

Il est courant de partir de l'idée qu'une bonne formulation de la consigne oriente les élèves dans la tâche. Cependant, l'énoncé appelle quelquefois un jeu interprétatif. Et lorsque l'équivocité de la consigne est réelle pour l'élève, elle génère une absence de repères dans la réalisation de la production scolaire. La difficulté de communication des attentes de l'enseignant a été pointée par Mager (1977) avec la formulation des objectifs. « La définition convenable d'un objectif est celle qui réussit à communiquer votre intention ; la meilleure est celle qui exclut le plus grand nombre possible de variantes par rapport à votre objectif final. » (p. 20). En cherchant à débusquer l'opacité et le flou, Mager établit une liste de termes qui suscitent des interprétations erronées. Ainsi, les termes inducteurs à éviter concernent les verbes : savoir-comprendre-comprendre réellement-apprécier- saisir le sens de-...

Mager établit une grille de lecture des consignes qui doivent tenir compte :

- « de la performance : un objectif définit toujours ce que l'élève doit pouvoir accomplir ;
- des conditions : un objectif se doit de définir les conditions éventuelles de la performance ;
- des critères : un objectif décrit, dans la mesure du possible, les critères d'un niveau de performance acceptable. »

Pourtant, l'usage de la consigne appelle des réserves d'une part, parce qu'elle est énoncée par l'enseignant et qu'elle peut rester difficile à comprendre, d'autre part, parce qu'il suffirait que l'enseignant parle pour être entendu. Aujourd'hui, l'évaluation favorise autrement l'accès à la tâche. L'approche qui vise à faire expliciter par les élèves les critères de réalisation de la tâche paraît plus pertinente et moins aléatoire. Les élèves impliqués dans un travail de discrimination des actions à mener s'approprieront, par le fait même de les chercher et de les proposer à la réflexion collective (en classe), les critères de réalisation en jeu.

1.2.1. De la remise des copies à l'entretien d'évaluation

Losque les élèves rendent une production scolaire, ils attendent le retour de l'enseignant-évaluateur. Les manifestations de cette attente sont facilement repérables dans les questions « quand est-ce que l'on saura les résultats ? Vous avez corrigé les contrôles ? Quand est-ce que vous nous rendez les copies ? ». Plus le délai entre la production scolaire et la séance de remise des copies est long, plus les chances de mobiliser les élèves sur leur travail s'amenuisent. Le retour sur une production importe pour l'élève : il se pose des questions sur la qualité de son travail même si la manifestation extérieure reste accrochée à l'expression désinvolte « j'ai la moyenne ? ». La question du retour concerne aussi l'enseignant qui raterait une occasion de privilégier la « réflexion sur » le travail accompli. Dans ce cadre, la rapidité du retour joue en faveur de l'apprentissage, à la condition, toutefois, que l'enseignant institue un échange sur les productions annotées.

Hadji (1997) insiste sur le fait que l'enseignant sache « accueillir les réactions des élèves, leurs questions sur le sens et la portée de ce qui a été dit » (p. 101). L'entretien d'évaluation est alors un moment privilégié d'explicitation des points de vue, de mise en évidence des réussites, de clarification des ambiguïtés, de description et d'analyse de l'action de l'élève.

1.2.2. Correction ou régulation ?

L'exploitation de la remise des copies est capitale et peut prendre deux directions différentes. La séance peut être envisagée comme un moment correctif où le rapport à la norme est systématiquement pointé. Dans ce cas, il suffit aux élèves de prendre des notes ou de recopier le corrigé. L'enseignant peut aussi solliciter les élèves sur le mode de la régulation en installant des ateliers ou des groupes de réflexion sur une production scolaire, sur une tâche échouée. D'un côté, le procédé de normalisation opère, de l'autre, le processus réflexif est enclenché. L'exploitation d'un contrôle peut donc être entendue en terme de régularisation ou en terme de démarche formative.

2

LE LIVRET SCOLAIRE

Tandis que, dans le secondaire, les évaluations sont communiquées sous la forme de bulletins, l'école primaire assure cette communication avec les livrets scolaires. Ces différents supports constituent, en quelque sorte, une mémoire du positionnement institutionnel par rapport aux savoirs de référence et aux compétences valorisées au sein même de l'école. Considérons, par exemple, le livret scolaire qui affiche les attentes du système éducatif.

Il est **le référentiel des compétences scolaires évaluables et évaluées**. À partir du programme officiel, un travail d'analyse-synthèse, est effectué qui conduit à la sélection de compétences déclarées indispensables dans chaque champ disciplinaire. Parce qu'elles sont mises en évidence, elles feront l'objet de situations d'apprentissage et de situations d'évaluation.

Il est **une mémoire des cheminements de l'élève**. Le livret scolaire n'est pas seulement une mémoire figée des productions de l'élève, il intègre des informations sur les processus d'acquisition des élèves. Il renseigne sur les résistances des apprenants quant aux compétences à développer. Bien sûr, il formalise le cheminement de l'élève : c'est une sorte d'herbier de compétences, pas tout à fait vivant, pas tout à fait figé.

Des chiffres, des couleurs symbolisent les processus d'acquisition et renvoient chaque lecteur vers une légende acquis / non acquis/ en cours d'acquisition. On peut ainsi constater le cheminement d'un élève sur une année, sur un cycle puisque les compétences sont les mêmes à l'intérieur d'un cycle.

Il sert d'**outil de communication avec les parents**. Comme « instrument de liaison », le livret scolaire constitue la base du dialogue enseignant/parent/élève. Trop souvent le dialogue est stéréotypé, tourne autour de l'idée de moyenne ou d'ensemble et relève de l'appréciation générale. Avec cet outil, une autre communication est possible autour des réussites, des points sensibles et des résistances de l'élève. Le livret apporte ainsi un dialogue nuancé, référé aux compétences en jeu. En outre, il rend visible ce qui anime le monde scolaire, ce que fait l'élève, ce que l'on attend de lui.

Il constitue **un outil d'orientation** à l'école : lors des conseils de cycle et des conseils d'école, le livret est l'élément de référence pour aborder le cas d'un élève à des fins d'orientation. Les délibérations s'appuient alors sur des indicateurs appropriés au lieu de se cristalliser autour des moyennes obtenues par les élèves dans chaque discipline. Parce que le livret affiche des informations plus nuancées, il devient un outil indispensable à la prise de décision.

3

ÉLABORATION ET USAGES DU LIVRET SCOLAIRE

Lorsque l'équipe pédagogique de l'école, celle de la circonscription se réunissent pour créer leur propre livret ou lorsque l'institution propose un livret scolaire, la démarche d'élaboration est au fond la même. Trois contraintes sont tenues :

1. partir du référentiel institutionnel ;
2. choisir des compétences disciplinaires ;
3. choisir des indicateurs qui renseignent chaque compétence sélectionnée.

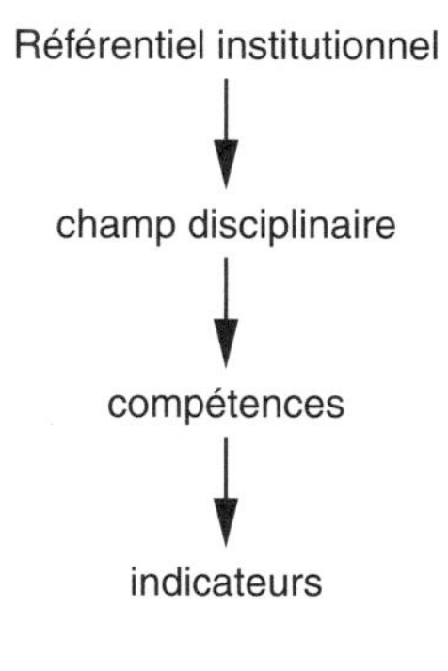

La démarche qui consiste à élaborer un livret d'évaluation relève de ce que Figari (1994) nomme la référentialisation comme processus d'élaboration d'une référence commune à des fins d'évaluation. Si l'institution impose un livret, le processus de référentialisation est en quelque sorte court-circuité. L'équipe pédagogique doit alors comprendre et s'approprier ce référent externe. Que le livret soit élaboré par l'équipe ou imposé, son usage est différent selon les contextes, selon les projets d'école. Les appropriations du livret par les enseignants peuvent donc varier. L'empreinte, la marque personnelle qui relèvent des usages correspondent aux processus de différentialisation (Vial, 1991) comme mode d'appropriation particuliers. La différentialisation revient à faire sien un référentiel dans des conditions d'exercice spécifique.

On soulignera l'intérêt de la référentialisation comme processus fédérateur pour une équipe d'enseignants qui élabore ainsi son propre référentiel d'évaluation. On peut aussi considérer les jeux d'interprétation et de mise en œuvre des référentiels qui relèvent alors du processus de différentialisation.

3.1 – Le référentiel institutionnel

Le référentiel institutionnel est le socle à partir duquel la conception du livret est possible. Que l'on se situe à l'école ou en formation, le référentiel explicite l'ensemble des champs disciplinaires qui font l'objet de situations pédagogiques et didactiques.

Le champ disciplinaire se présente sous l'aspect du savoir. Il est lié aux didactiques spécifiques (français, histoire, mathématiques, sciences...).Chaque champ peut distinguer des macro-compétences. Il en est ainsi en français avec la triade lecture, écriture, oral. On retrouvera des macro-compétences en mathématiques également. Dans la pratique, d'autres éléments comme les compléments aux instructions officielles et des outils à caractère didactique permettent de saisir l'importance des champs disciplinaires et leur logique de conceptualisation. Ces documents sont facilitateurs pour sélectionner des compétences dans chaque champ.

3.2 – Les compétences visées

Les compétences sont de l'ordre de l'action par opposition aux savoirs (Ropé *et al.* 1994). Lorsqu'un élève est déclaré compétent dans un champ disciplinaire c'est qu'il a articulé savoir / savoir-faire / savoir être dans des situations diversifiées. La compétence c'est ce que l'élève sait mobiliser dans l'action et sur laquelle il pourra s'appuyer dans des contextes différents. C'est dire que la compétence présuppose des capacités de transfert. La compétence n'est pas subordonnée au lieu scolaire, elle « est fondamentalement liée à une pratique sociale d'une certaine complexité » (Perrenoud, 1997).

3.3 – Les indicateurs

Les indicateurs constituent des observables, des signes qui renseignent sur le degré de construction et d'appropriation d'une compétence donnée. Les indicateurs sont à la fois repérables, sensibles et pertinents :

- l'indicateur est repérable, observable ;
- l'indicateur est sensible lorsqu'il permet de quantifier des variations ;
- l'indicateur est pertinent lorsqu'il renvoie à ce que l'on cherche à savoir.

À l'intérieur d'un cycle, compétences et indicateurs sont maintenus afin de rendre valide l'évaluation. Ainsi, peut-on discuter du cheminement de l'élève dans la construction d'une compétence orale par exemple, et ainsi, parle-t-on de cette compétence avec les mêmes indicateurs au cycle 2 (de la grande section au CE1). D'un cycle à l'autre, les indicateurs évoluent selon les seuils d'exigence fixés. On peut noter, sur un cursus scolaire, comment les compétences s'affinent avec l'évolution des indicateurs de plus en plus ciblés. Le livret scolaire suit un fil conducteur. Par souci de continuité, l'équipe pédagogique réfléchit en particulier à l'articulation des actions pédagogiques. De ce fait, les apprentissages s'inscrivent dans la durée.

Exemple 1 : matrice d'un tableau d'évaluation

Le tableau qui suit pose la question de l'évaluation au cycle 1. Si les débats sont animés sur le bien fondé d'une telle approche, il reste que la mise à plat des compétences qui se jouent dès les

	CYCLE 1	**évaluation**	
Champ disciplinaire	**INDICATEURS**	**Année**	
		1	**2**
Compétence	• indicateur 1 • indicateur 2	....	....
Compétence	• indicateur 1 • indicateur 2 • indicateur 3	....	....
Compétence	• indicateur 1 • indicateur 2	....	....

Période 1

Période 2

Période 3

Tableau 3
Matrice d'une grille d'évaluation sommative

premières années en maternelle, ne peut être évacuée au nom des enjeux développementaux, identifiés en terme de socialisation et de motricité pour les jeunes élèves. L'usage de l'évaluation scolaire est donc posé : plutôt que de considérer le marquage scolaire de l'élève, il est question de comprendre comment son rapport aux activités ouvre l'accès à la connaissance et aux savoirs. Ainsi, c'est moins un regard et une perspective de contrôle qui sont instaurés qu'une approche qualitative déclinant les actions du jeune élève. Ce qui compte c'est la possibilité de percevoir des changements, de pouvoir les décrire avant de les étiqueter.

EXEMPLE 2 : EN FRANÇAIS, AU CYCLE 1, À PARTIR DE LA MACRO-COMPÉTENCE : LIRE.

La grille de lecture qui figure ci-après, donne une information sur le rapport à la lecture de l'élève. Quatre compétences synthétisent la lecture :

- une compétence de communication : « connaître les objets et les situations » ;
- une compétence textuelle/discursive : « reconnaître des signes écrits » ;
- une compétence d'ordre linguistique : « comprendre et utiliser le code de l'écrit » ;
- une compétence stratégique : « mobiliser les stratégies appropriées au projet de lecture ».

	CYCLE 1	évaluation	
Lecture	INDICATEURS	Année 1	Année 2
Connaître les objets et les situations	• Manipule un livre nouveau à l'endroit • Identifie et nomme : livres, affiches, journaux, catalogues	....	....
Reconnaître des signes écrits	• Reconnaît un mot lu par le maître parmi d'autres mots différents • Reconnaît un mot parmi d'autres à l'écrit	....	....
Comprendre et utiliser le code de l'écrit	• Donne du sens à des signes : prénoms, dates, logos, ... • Identifie des ressemblances dans l'écrit : lettres, mots...	....	....
Mobiliser les stratégies appropriées au projet de lecture	• Fait appel à l'adulte pour comprendre un texte • Utilise des ressemblances ou des différences pour donner du sens	....	....

TABLEAU 4
Exemple d'une grille d'évaluation sommative de la compétence lire pour les élèves du cycle 1

Pour faciliter l'observation en classe des capacités d'action de l'élève, chaque compétence est reliée à des indicateurs censés en rendre compte.

Le tableau qui précède s'inspire du Livret scolaire élaboré dans l'académie d'Aix-Marseille (1994)

4

L'ÉVALUATION INSTITUTIONNELLE

L'évaluation institutionnelle répond à une exigence sociale qui s'affirme dans une loi. L'événement social que constitue la mise en circulation du livret scolaire contribue à affirmer le positionnement scolaire de l'élève au sein même de la société. Le positionnement risque d'aller de pair avec le principe de certification lorsque l'évaluation institutionnelle est seulement ramenée au contrôle. L'école utilise le livret scolaire non pas tant pour affirmer cette symbolique sociale que pour instaurer un dialogue d'ordre éducatif.

4.1 – La loi

C'est l'article 5 du décret (n° 90-788 du 6/9/1990) relatif à l'organisation et au fonctionnement des écoles maternelles et élémentaires qui précise la finalité du livret scolaire.

« Un livret scolaire est constitué pour chaque élève. Il comporte :

- les résultats des évaluations périodiques établies par les enseignants du cycle réunis en conseil des maîtres ;
- des indications précises sur les acquisitions de l'élève ;
- les propositions faites par le maître et le conseil des maîtres de cycle sur la durée à effectuer par l'élève dans le cycle, les décisions de passage de cycle et, le cas échéant, la décision prise après recours de la famille conformément à l'article 4. Il est régulièrement remis aux parents qui le signent. Il sert d'instrument de liaison entre les maîtres, ainsi qu'entre les maîtres et les parents. Il suit l'élève en cas de changement d'école. »

4.2 – La fonction de bilan

L'évaluation se base sur quelques compétences assorties d'indicateurs qui seront validées totalement ou en partie. Le livret scolaire, en ce qu'il fixe un certain nombre de points de repères communs à tous les élèves d'un même cycle, affiche ainsi une fonction de bilan.

4.3 – *Situer l'évaluation institutionnelle*

L'évaluation institutionnelle se distingue des pratiques de classe par sa fonction de communication externe, par sa visibilité. Elle joue une fonction d'interface entre le monde scolaire et le champ social où parents, partenaires éducatifs sont ainsi informés de l'expérience scolaire de l'élève. Elle se rapproche de l'évaluation sommative en ce qu'elle figure comme une pratique de contrôle, de l'évaluation remédiation en ce qu'elle permet des perfectionnements. Elle peut aussi inciter l'enseignant à mettre en œuvre d'autres contextes d'apprentissage, cette fois, régulés par l'évaluation formative. L'évaluation institutionnelle n'enferme pas l'enseignant dans les gestes du contrôle, il peut initier d'autres démarches au rang desquelles figure l'apostrophe évaluative.

L'usage de l'évaluation institutionnelle sera variable selon une conception finaliste ou une conception régulatrice de l'action. La conception finaliste a une valeur d'ancrage, la conception régulatrice incite l'enseignant à envisager d'autres situations. Seulement, ces situations peuvent être radicalement différentes et s'inspirer soit de la remédiation, soit de la régulation. Dans le premier cas, l'enseignant instaure des séances de rattrapage (dont nous évoquons les limites au chapitre 2). Dans le second cas, il instaure de nouveaux contextes d'apprentissage et élabore avec la classe d'autres projets qui serviront de contexte de mobilisation des compétences.

L'évaluation institutionnelle, ici décrite avec le livret scolaire, concerne également le dossier scolaire qui suit le parcours de chaque élève. Instauré le 8 août 1977, il fut l'objet de vives polémiques : « instrument de sélection organisé », « entreprise de fichage des élèves » (Merle, 1996). Le dossier scolaire est distinct du livret au sens où « il est dans les faits la propriété de l'administration, et ce dossier contient, outre des informations scolaires, des informations extra scolaires ». D'autre part, il est consulté par les membres de « la direction de l'établissement, conseillers d'éducation, les conseillers d'orientation-psychologue, le personnel médico-social de l'établissement et les professeurs » (p. 44). Il reste, tout comme le livret, un outil de décision lors des conseils de classe.

CHAPITRE

3

L'écriture évaluative, un geste malaisé

L'évaluation gagne une ampleur symbolique avec les appréciations scolaires et les annotations, et cette empreinte symbolique tient au caractère différé de la communication. En effet, l'écriture évaluative place l'enseignant dans un dilemme au moment même où il rédige son interprétation de la production scolaire, cherchant le mot juste, le mot qui rassure ou, par contraste, le mot qui pique. S'il anticipe sur la réaction du lecteur, il réajuste une expression, infléchit le sens initial pour laisser une trace écrite, oscillant entre nuance et euphémisme. Le dilemme grandit : dire, ne pas dire. S'il prend le parti de dire, il joue sur plusieurs registres entre l'impression d'ensemble, « l'intuition pragmatique » (De Ketele, 1993), la parole d'expert, les renvois psychologisants. S'il s'abstient, il laisse planer un doute. L'indécision tout comme la certitude témoignent des oscillations de l'enseignant-évaluateur. L'écriture évaluative reste une écriture apprise sur le tas, souvent dans la solitude de la pratique. Écriture privée qui garde un tonalité impersonnelle.

Trop peu envisagée dans les effets qu'elle génère auprès des élèves, l'appréciation et l'annotation restent des pratiques tues. Paradoxalement, les pratiques d'écriture affichent une certaine visibilité du fait qu'elles sont souvent frappées du sceau de l'autorité didactique. Les appréciations scolaires et les annotations n'échappent pas à cette tendance.

1

APPRÉCIATIONS ET ANNOTATIONS

L'écriture évaluative traverse les bulletins scolaires, les livrets d'évaluation en laissant des empreintes plus ou moins intentionnelles de la part de l'enseignant. C'est cette intentionnalité de l'écriture qui sera ici étudiée.

1.1 – Les appréciations

Une approche lexicale, développée par ailleurs (CRDP de Franche-Comté, 1996), peut constituer une première lecture de l'écriture évaluative :

L'énoncé évaluatif est caractérisé par des appréciations dynamiques opposées aux appréciations fixistes, par des appréciations psychologisantes opposées aux appréciations impersonnelles. Considérons le lexique de ces différents types d'appréciations.

- **les appréciations dynamiques** orientées vers l'action : accentuer, consolider, continuer, intensifier, persévérer, poursuivre... L'action comme valeur est soulignée dans l'énoncé évaluatif ;
- **les appréciations fixistes** : travail solide, désespérément faible, maintien... La valeur d'ancrage qui résulte de ces appréciations peut entraîner, dans certains cas, des effets de halo. L'élève est appréhendé sans que l'on tienne compte de ses possibilités. L'oubli des potentialités de l'apprenant risque de le conforter dans l'idée qu'il n'y a rien à faire, soit parce que son niveau de compétences est reconnu, soit parce qu'à l'impossible nul n'est tenu ;
- **les appréciations psychologisantes** : agité, agréable, actif, capable, consciencieux, effacé, étourdi, discret, courageux...
- **les appréciations impersonnelles** : ensemble, travail, résultats corrects...

Outre cette grille lexicale, nous pouvons identifer trois types de discours évaluatifs :

- un premier type de discours, que nous qualifierons de « discours incitatif », tente d'enrôler l'élève, de mobiliser son attention, de toucher un point sensible à travers une écriture plus directe ;
- un second type de discours, proche du « discours prophétique », est adressé par l'institution visionnaire et véhicule les valeurs de l'effort, de l'assiduité et de la persévérance ;

	Style personnel	Style institutionnel
Discours incitatif	« Je te conseille de… je pense que tu pourrais travailler un peu plus. »	« Il est temps de se ressaisir… il faut… »
Discours prophétique	« Je sais que tu peux mieux faire… tu es sur la bonne voie. »	« Possibilités à exploiter s'il s'en donne la peine »
Discours verdictif	« Il me semble réservé, me paraît trop discret, trop désinvolte. »	« Élève fine. fournit moins que le minimum, se contente de trop peu, bon travail. »

TABLEAU 5
Le discours évaluatif

- enfin, un dernier discours, instaurant un rapport de force, se présente sous forme de verdict. Le « discours verdictif » reste normatif et affiche souvent par défaut le portrait de l'élève idéal.

De la formule lapidaire et impersonnelle à la parole d'ouverture qui s'élève sur un ton prophétique, l'écriture évaluative est une écriture compacte qui occupe un espace souvent très limité. Lorsqu' une pensée est soumise aux impératifs de l'espace, les raccourcis qu'elle prend peuvent générer des effets inattendus auprès des élèves.

1.2 – L'annotation

Alors que l'annotation peut constituer une aide pour l'élève, cette écriture ne va pas de soi lorsque les traces laissées par le correcteur sur les copies et les cahiers donnent le sentiment d'irrecevabilité du travail rendu. Parfois, ces mêmes traces apparaissent énigmatiques à l'élève tant ce qui est écrit est de l'ordre du rébus, de l'annotation elliptique. A contrario, les démonstrations étouffent, serrent le sens si bien que l'élève reçoit une déclaration magistrale en guise de commentaire. Des annotations flatteuses, dévaluatrices, indifférentes, rigoureuses émaillent les productions scolaires. L'annotation semble proche du verdict quand elle assomme l'élève de sa violence symbolique, elle peut aussi ouvrir un dialogue avec l'élève et l'inciter à la régulation.

2

L'ANNOTATION COMME DIALOGUE

En partant de l'idée que l'annotation est une pensée écrite, non pas une trace jetée ou encore la preuve signée d'un regard, c'est le geste du praticien qui est interpellé. L'annotation comme dialogue place l'enseignant dans une perspective de communication cherchant à interpréter les productions scolaires plutôt qu'à procéder à des règlements de compte. Halté (1984) note que les annotations, dans des devoirs de français, visent plus la forme que le fond, et se présentent soit sous la forme d'énoncés injonctifs, soit sous la forme d'énoncés verdictifs.

Au lieu de ponctuer sa lecture de verdicts, l'enseignant peut s'intéresser aux trouvailles, aux cheminements de pensée de l'élève. Bref, s'interroger de telle sorte que l'annotation l'implique dans la lecture qu'il fait du devoir. Les formulations simples, descriptives donnent des repères, suggèrent une méthode, proposent une relecture. Pour dialoguer avec l'élève, à travers l'annotation, il importe de considérer l'héritage normatif qui traverse nos actes quotidiens. Il s'agit presque de procéder à une véritable catharsis, de se désimprégner du jugement, de son caractère impositif pour établir une relation qui relèverait alors de l'échange. Contrairement au jugement judiciaire où l'autorité de la chose jugée clôt l'audience, l'annotateur peut établir un mode relationnel plus interactif orientant l'élève, faisant en sorte qu'il prolonge son propre travail et qu'il envisage un réinvestissement sur l'objet annoté.

3

INCITER L'ÉLÈVE À LA RÉGULATION

Inciter l'élève à la régulation… oui, mais en ayant soin de pointer les réussites, les idées pertinentes, sinon la régulation reviendrait à n'entrevoir que les aspects négatifs de la production.

L'annotation marque la reconnaissance du travail rendu avant de viser les conditions de la régulation. Et l'on sait que la régulation ne supporterait pas le listing exhaustif des erreurs commises, elle en serait anéantie. Réguler pour l'élève n'est possible qu'à la condition que l'annotation propose des aides. Ce qui suppose que l'évaluateur sélectionne les aspects problématiques, selon une échelle de priorité en relation avec les critères, qu'il fasse la distinction entre ses attentes idéales, voire ses manies ou prédilections, et les conseils qu'il adresse.

Le régulateur externe, soucieux de tout corriger, ne permettrait pas à l'élève de discerner ce sur quoi doit porter son investissement. L'annotation qui scrute, décortique, ne laisse rien passer, fait place à un champ de bataille au milieu duquel l'élève erre, se relevant difficilement d'un tel feu verbal. Lorsqu'il reçoit une copie qui affiche ses lacunes, comment pourrait-il trouver assez de légèreté pour se mettre en mouvement ? Comment pourrait-il puiser en lui assez de forces dans un rapport aussi inégal ? Comment pourrait-il interpeller l'enseignant sur le sens de ses annotations tant il est touché, voire anéanti par l'aspect sentencieux qui s'en dégage ?

La régulation dépend alors d'une pratique d'annotation plus souple, plus nuancée, plus orientée vers le conseil. L'annotation peut s'inscrire dans un modèle transmissif-informationnel ou bien dans un modèle interactif. Cette distinction qui s'appuie sur la différence faite précédemment entre logique de l'information et stratégie de la communication. La première démarche poursuit un idéal de transparence, d'inscription dans la conformité, la seconde, plus souple est le lieu de la négociation entre élèves et enseignant.

4

LA CORRECTION COMME LOGIQUE DE TRANSMISSION D'INFORMATIONS

Une logique transmissive-informationnelle, caractérisée par sa linéarité entre l'émetteur et le récepteur, vise la rectification des erreurs. Dans cet esprit, l'enseignant se contente de donner des directives que l'élève se doit de suivre si ce n'est d'appliquer. Se greffe à cette première dimension, le caractère d'irréversibilité qui ressort d'une parole d'expert qui interdit toute possibilité de discussion. Lorsque l'enseignant annote une production sous l'angle du constat, il établit une information de telle façon qu'elle gagne une valeur de vérité définitive. L'annotation affirme une idée, une observation, pose le sens à partir du moment où le principe de fidélité qui la structure renvoie à la lettre, à la norme. Défilent, dans la mémoire scolaire, les remarques « sale, mal écrit, trop de ratures... ». Sous couvert de précision, elle est parfois marquée par des traits dépréciatifs qui catégorisent définitivement l'élève.

Faisons une petite expérience instructive : regardons à distance une copie annotée. Une lecture balayage perçoit très vite des signes, des codes, des flèches, des traits, des encadrés. Autant de symboles qui marquent le regard externe du correcteur, regard qui peut parfois se transformer en effraction : la copie est criblée de messages. Lorsque la couleur rouge se surajoute à un ensemble de ratures qui barrent un texte, à des signes linguistiques tels que les points d'exclamation, les points d'interrogation, la production scolaire gît. Que penser des annotations qui s'échappent du texte et alignent des verticales ? Comment interpréter les lignes horizontales ? Les lignes obliques ? Tous ces signes semblent nier l'écriture de l'élève pour affirmer un message qui rappelle les bulles de la bande déssinée. Alors, l'effraction symbolique est telle que l'on se met à imaginer les gestes et les paroles de l'annotateur. Le langage stéréotypé qui jalonne la production fonctionne avec efficacité :

- par affirmations ou par injonctions, « fais attention… » ;
- par accusations, « à quoi penses-tu ? » ;
- par verdicts « c'est tout toi ! «, « je te retrouve bien là, fidèle à toi-même ! ».

L'effraction est à son comble lorsque le correcteur glisse de la copie à l'élève et produit un jugement de valeur sur ce dernier.

L'annotation s'élabore aussi dans un esprit de guidage mais les intentions du correcteur sont souvent de faibles leviers pour l'apprentissage lorsque la solution donnée détourne l'élève d'un travail de réflexion approfondi sur l'erreur. Quant à l'erreur corrigée par l'enseignant, elle devient anodine pour l'élève, et de façon critique, l'habitue à ne pas revenir sur son travail. Nous savons qu'un élève expert est capable de reprendre une tâche, de modifier ses stratégies. La correction, lorsqu'elle est signée par l'enseignant, devient en quelque sorte l'antidote de la régulation !

Les enseignants qui acceptent de décrire leurs pratiques d'annotation avancent trois difficultés :

1. une bonne note ne doit pas automatiquement conduire à une bonne annotation ;
2. l'annotation est inutile lorsque l'oral permet de donner leur point de vue à l'élève ;
3. les conseils de classe sont des lieux de valorisation des notes…

Revenons sur ces trois points.

- L'annotation compense ce que la note ne dit pas. Elle libère l'enseignant d'une impression qu'il ne peut pas exprimer dans un symbole chiffré. Elle peut donc conduire à porter un ensemble d'appréciations plus ou moins valorisantes, plus ou moins précises et justifiées. Un élève est toujours satisfait lorsqu'il apprend que son idée est judicieuse ou que son argumentation est « bien construite ». Un élève malchanceux attend les conseils de l'enseignant même s'il s'en défend.
- D'autre part, l'omniprésence de l'oral constitue un obstacle dans la commnication. L'idée que la parole de l'enseignant, lors de la remise des copies, suffirait à orienter l'élève reste un argument faible. Puisque la faiblesse de l'oral c'est justement son caractère

éphémère, son aspect transitoire. Que peut faire l'élève lorsque cette parole s'efface de sa mémoire ? Comment peut-il reprendre un travail sans repères, sans propositions de réinvestissement ? Quelle est l'impression qu'il garde d'un devoir non annoté ?

- Enfin, le rapport note / annotation est inégal lors des conseils de classe. Le statut de l'annotation n'est pas reconnu en tant que tel. Les enseignants, dans leur grande majorité, reconnaissent cette absence d'équilibre. Ce troisième argument se situe en contradiction avec les recherches de Duru-Bellat et Mingat (1993) qui décryptent, dans la prise de décision, le poids de l'implicite évaluatif polarisé sur les critères de travail, de résultat, de comportement scolaire. La personnalité de l'élève interviendrait comme facteur déterminant et l'emporterait sur les performances scolaires.

FICHE 10 **L'annotation comme transmission d'informations**

- Signes exclamatifs et interrogatifs, codes, barres, ratures, encadrés, bulles
- Couleur rouge
- Abstraction : phrases nominales
- Lexique stéréotypé
- Style de l'assertion
- Énoncés — vagues « incomplet… mais encore »
  - injonctifs « fais attention »
  - verdictifs
- Digressions savantes : fausses questions
- Déplacement copie / élève

Au nom de la conformité au savoir, l'annotation se présente comme un rappel à l'ordre dans son mode d'énonciation impersonnel et abstrait. Les tournures qui la caractérisent amplifient la dimension atemporelle des remarques. De cette pratique transmissive à la métaphore du préposé au télégraphe, il n'y a qu'un pas à franchir : l'enseignant ne ressemblerait-il pas au préposé qui adresse un message sans se soucier de sa réception ? En matière d'évaluation, l'instant de la réception est particulièrement important pour l'élève. Comme ce moment est négligé, le pouvoir de l'émetteur croît et l'élève récepteur se retranche dans la passivité ou bascule dans la contestation. La communication de l'enseignant reste fondamentalement tournée vers la valorisation du savoir et manifeste son souci pour la régularisation des écarts à la norme.

5

L'ANNOTATION DANS UNE INTENTION DE COMMUNICATION

À l'aspect disciplinaire de l'annotation, se substitue une démarche interactive, lorsque l'enseignant dialogue avec l'auteur de la production scolaire (Veslin, 1992). L'annotateur ne donne pas la solution type, ne renvoie pas l'élève vers un modèle inaccessible mais tente de lui proposer des pistes, de le décentrer de sa production par des formulations simples et descriptives. Aussi, l'annotation est-elle le lieu de l'échange d'idées, d'invitations à poursuivre. Pour être lu et entendu, le correcteur sait qu'il lui incombe de pointer les réussites, de nommer les bonnes idées et aussi, de discuter les points sensibles afin d'aider l'élève à relire son travail et à envisager des régulations. Si les gestes de l'annotateur traduisent une volonté de communication, une volonté d'échange, l'esprit de l'annotation est celui du dialogue. Dans cette interaction, l'enseignant vise à maintenir les liens, même ténus, que l'élève entretient avec le savoir. Lorsque l'annotateur se préoccupe de la logique de l'élève, sachant qu'elle est fort différente de celle du savoir, il tente d'organiser les conditions de la régulation. Il sensibilise l'élève à la démarche qu'il a mise en œuvre, lui permet d'y déceler des points d'appui pour poursuivre son travail. En aucun cas, il disqualifie la production scolaire, il incite l'élève à retourner sur sa production et à envisager, s'il en ressent le besoin, une discussion avec lui. Puisque **l'annotation devient un déclencheur de régulation,** l'enseignant est prêt à préciser ses remarques, à reformuler un propos qui pourrait rester obscur pour l'élève. (Dans le tableau, page suivante, figurent les caractéristiques de l'annotation comme dialogue.)

L'annotation des productions scolaires conduit à mettre en œuvre deux pratiques dont les dimensions symboliques se situent entre rapport de force et effets de sens. Tandis que la première démarche s'inscrit dans un cadre correctif de mise en conformité, de régularisation, la seconde vise la régulation par l'élève, cherche à provoquer sa mise en mouvement. Le changement de style dans l'annotation permet de passer de l'affirmation du point de vue de l'expert au questionnement de l'élève.

Fiche 11

L'annotation comme dialogue

- Parole incarnée
  - l'annotateur s'implique, marque sa présence dans le texte
- Répertoire lexical étendu
  - le lecteur tente de développer son point de vue et déjoue la sécheresse des remarques stéréotypées
- Dialogue
  - l'enseignant passe du « c'est » à « tu », reconnaît la présence de l'élève en décrivant ce qu'il a compris
- Style du questionnement
  - plutôt que de porter des jugements, l'évaluateur renvoie des questions
- Pointe les réussites et revient sur les erreurs
  - il veille à soutenir les efforts de l'élève dans un rappel des points forts et des points à travailler
- Liens entre consigne et cours
  - l'enseignant donne un repère à l'élève
- Lien entre production et stratégies possibles
  - l'enseignant renvoie l'élève vers des critères
- Sélection des annotations, oriente la régulation
  - l'enseignant sait qu'il ne peut pas tout dire, fait des choix
- Propositions méthodologiques
  - incite l'élève à discuter de son travail en cours
- Respecte l'écrit de l'élève
  - son écriture est à l'échelle de celle de l'élève
- Annotations qui accompagnent l'écrit
  - la présence d'un regard soutenu tout au long de la copie témoigne d'un intérêt pour le travail de l'élève
- Incitation à l'échange pendant la séance de régulation

CHAPITRE

4

De nouvelles formes d'évaluation

De nouvelles approches de l'évaluation apparaissent à l'école sous la forme de portfolios (dossiers d'apprentissage ou dossiers progressifs, Bélair 1999), de portefeuilles de compétences, ou bien encore, sous la forme d'entretiens d'évaluation. À travers ces nouvelles démarches, l'enseignant travaille à l'implication de l'élève dans le processus d'évaluation, l'invite à exercer un regard critique sur son action et sur ses productions. L'évaluation n'est plus l'acte terminal que pilote l'enseignant mais un processus intégré à l'apprentissage.

Dans le système scolaire, notamment, en maternelle, des dossiers sont constitués à partir des « œuvres » des jeunes élèves, offrant au regard extérieur, un aperçu des travaux effectués en classe. Ce dossier-vitrine constitue une première forme de communication avec les parents. Avec le dossier d'apprentissage ou portfolio, avec le portefeuille de compétences, il s'agit non pas d'exposer des travaux finis, de renvoyer de l'information mais bien plus de révéler la genèse des apprentissages ou celle d'une compétence, de mettre à jour les différents investissements de l'élève y compris sa propre évaluation du travail présenté. Ces différents outils s'inscrivent dans une stratégie de communication et appellent l'instauration d'un dialogue entre plusieurs acteurs : l'élève, l'enseignant, les parents, l'institution.

1

LE PORTFOLIO

Selon Simon et Giroux (1994) le portfolio doit « refléter tant le processus que les résultats d'apprentissage. Il doit témoigner de ce que l'élève connaît, de ses capacités ainsi que de ses réactions face à son apprentissage... (c'est donc) un recueil cumulatif et continu d'indicateurs du cheminement de l'élève dans ses apprentissages, sélectionnés et commentés par l'élève et l'enseignant à des fins d'évaluation » (p. 29). En impliquant l'élève dans la constitution du dossier, l'enseignant l'incite à porter un regard sur son travail et donc à interroger ses stratégies, ses façons de penser. Cette nouvelle forme de l'évaluation fait appel à l'autonomie de l'élève dans la gestion de son apprentissage.

Cette pratique évaluative peut intéresser tout particulièrement les élèves dits en grande difficulté (Jorro, 1995). Les enseignants confrontés aux évaluations systématiquement négatives qu'ils produisent se demandent s'il est possible de les évaluer. Cette remarque courante à l'école marque l'ambiguïté de l'évaluation, oscillant toujours entre la personne de l'apprenant et ses productions scolaires. Pourtant, les démarches d'évaluation mettent l'accent sur le fait qu'on n'évalue pas l'élève mais son travail ! Cette confusion demeure en partie avec l'influence des travaux des psychométriciens et de Binet, son représentant le plus célèbre, qui instaura les tests (Q.I.). L'évaluation scolaire ne cherche pas à établir une relation causale entre la personnalité de l'élève et les performances scolaires, ce qui reviendrait à étiqueter de façon durable, tel ou tel élève.

L'évaluation institutionnelle des élèves a tendance à occulter les élèves en grande difficulté, voire à les exclure, tant ce qu'elle réfléchit est éminemment négatif. Alors, comment instaurer une évaluation plus proche de leurs productions ? Cette question est porteuse d'angoisse pour les enseignants confrontés à des situations inédites de par les difficultés qu'éprouvent les élèves dans l'apprentissage, inédites également de par l'amplitude des actions à mener pour aider ces derniers dans leur parcours scolaire. À première vue, les implications pour l'enseignant paraissent harassantes si ce dernier se fixe des objectifs traditionnels de vérification des acquisitions de savoir, c'est-à-dire, si son attitude vis-à-vis de telles situations s'enracine dans une pratique connue, maîtrisée d'enseignement. À première vue seulement, puisque l'enseignant sait déjà qu'il ne peut exiger la même chose de ces élèves dont le parcours a été perturbé.

Proposer une nouvelle approche c'est donc reconnaître qu'une action pédagogique doit tenir compte de l'hétérogénéité des élèves et surtout comprendre que l'élève en difficulté ne peut être confronté radicalement à des séquences de vérification. C'est dire que l'enseignant se fixe des objectifs différents de ceux habituellement retenus et qu'il pense à une évaluation autre qui pourrait intégrer des dimensions de reconnaissance de la diversité des élèves, d'écoute des parcours individuels.

Proposer une nouvelle approche revient aussi à convaincre les enseignants qu'une évaluation est possible, mais que cela implique d'abandonner momentanément les pratiques habituelles. L'enjeu d'une telle évaluation est bien de connaître dans une démarche constructiviste la relation qu'engage l'élève avec le monde et la façon dont il se situe par rapport au savoir. Ce changement de conception pédagogique entraîne le praticien vers une démarche d'accompagnement des élèves dans les rapports qu'ils tissent dans l'environnement scolaire, dans leurs façons d'élaborer des significations. Dans un premier temps, il peut s'agir de repérer les valeurs, les langages et les actions qui constituent la personnalité d'un sujet, de comprendre l'attitude de l'élève, de noter son évolution face aux apprentissages. Cette phase sera utile aux élèves lorsqu'ils élaboreront le portfolio.

L'enseignant peut alors :

- Mettre l'accent sur les valeurs, les préférences des élèves, leur mythologie (leur héros), leur univers de référence, leurs désirs, parfois leurs projets affichés, ou voilés afin de développer en classe un travail autour de ces points. Ce qui implique qu'il reconnaisse un système de valeurs différent du sien, qu'il travaille à l'acceptation de la différence, qu'il s'intéresse à la culture générationnelle de sa classe.

• **Valeurs, culture générationnelle** Univers de référence Des goûts, des désirs Des choix, des projets
• **Langages** privé (connaissances expérientielles) institué (scolaire : les savoirs) social (connaissances du monde)
• **Actions (fuite, désengagement, implication...)** en classe au collège à l'extérieur

TABLEAU 6
Comprendre le rapport au savoir de l'élève

- Analyser avec les élèves les langages en cours, d'ordre privé, d'ordre social, d'ordre institué. Noter où se situe l'expression du sujet. Si elle est seulement d'ordre privé, l'amener à s'ouvrir sur les problèmes contemporains, insister sur les relations possibles entre ces différents langages.
- Revenir sur les actions de l'élève, considérer les initiatives, les engagements, les attitudes d'évitement en classe, dans l'établissement, à l'extérieur.

Une telle conception met l'accent sur des objectifs plus attitudinels que strictement cognitifs. C'est en fait l'idée d'une approche globale savoir-être/savoir-faire/savoir où l'on pourra comprendre comment s'expriment les désirs, les attentes, comment sont formulées les incertitudes et les craintes, comment les émotions émergent dans les actions proposées par l'enseignant. L'élève peut alors découvrir d'autres relations, prendre conscience des liens entre valeurs et langages, entre valeurs et actions, modifier lentement ses représentations des savoirs et des expériences scolaires.

L'élève en difficulté, sujet en devenir, est impliqué dans un réseau de connaissances (humaines, idéelles, matérielles) qu'il vit comme une mosaïque, comme une accumulation d'éléments sans arriver à les mettre en relation. L'objectif est alors de l'aider à sortir de cette hétérogénéité dans laquelle il parvient difficilement à construire ses propres repères, à établir des liens entre ce qu'il vit et ce que l'on attend de lui, ici et maintenant, dans l' institution scolaire, mais aussi sur un plan plus large, dans la société. C'est donc la question du lien qui se pose avant celle de la confrontation avec des savoirs qui lui sont complètement extérieurs.

Que peut imaginer l'enseignant, que peut-il mettre en place dans sa classe, quels objectifs peut il se fixer ? L'enseignant peut travailler avec la classe à l'élaboration du portfolio.

Un portfolio peut se présenter sous la forme d'un livret, il a une dimension narrative. L'élève y raconte son parcours d'apprentissage à sa façon. L'avantage d'une trame narrative réside dans l'implication du sujet tout au long de son apprentissage. Raconter ses différentes confrontations, exposer ses propres travaux, autant d'actions qui reviennent à tisser des liens entre l'univers de l'apprentissage et son monde propre. La présentation est classique avec première et quatrième de couverture. Le portfolio comporte :

- une présentation de l'élève (importance de son univers de références) ;
- un sommaire des activités choisies et mises en évidence ;
- une présentation de 4 ou 5 activités présentées dans leur déroulement et qui apparaissent importantes à l'élève (négociées avec l'enseignant) ;

- une présentation descriptive de chaque activité avec un rapport texte / image, texte / schéma ;
- une explicitation des compétences visées et des critères d'évaluation en jeu ;
- une réflexion évaluative de l'élève sur l'ensemble des activités.

Comme l'évaluation courante apparaît stéréotypée et convoque une image scolaire de l'élève sans histoire, les élèves en difficulté se trouvent en marge de l'attente scolaire. Lorsque les bulletins ou les livrets scolaires affichent en négatif les compétences disciplinaires, on peut convenir que la forme institutionnelle de l'évaluation nivelle certaines capacités et passe sous silence des compétences que les élèves pourraient mettre en évidence. Cette pratique tend à exclure l'élève du champ scolaire, notamment de ce qui est admissible et légitime au sein de l'institution. En rappelant l'objectif de communication des actions réalisées en classe, de valorisation des compétences des élèves, de valorisation de leur image personnelle, ce document élargit les perspectives de l'enseignant-évaluateur.

Si le portfolio apporte un éclairage sur le cheminement de l'élève, il constitue par ailleurs un document de référence pour l'institution. Il possède à ce titre une double caractéristique :

- il témoigne d'une démarche constructiviste ;
- il sert de document de validation.

Toutefois, Bélair (1995) soulignant les points forts d'un tel document entrevoit les difficultés que génère sa mise en œuvre. Citons-en quelques unes, ce document :

- « exige une gestion complexe, selon plusieurs dimensions, des tâches d'apprentissage et d'évaluation ;
- (est) plus difficile à réaliser dans un contexte d'enseignement traditionnel ;
- (est) plus ou moins compatible avec les bulletins chiffrés traditionnels ».

Nous pourrions ajouter que le portfolio dans son montage demande du temps à l'enseignant et aux élèves. Une telle démarche, parce qu'elle met en évidence la question du sens de et dans l'apprentissage, parce qu'elle situe l'évaluation comme un processus intégré à l'apprentissage, ne peut être conduite sur une cadence forte. En effet, ce document suscite des débats en classe à propos de sa constitution. Il est également le lieu privilégié de l'entretien d'évaluation (Allal *et al.* 1998), point que nous aborderons plus loin.

2

LE PORTEFEUILLE DE COMPÉTENCES

Le portefeuille de compétences concerne l'évaluation d'une compétence spécifique dans champ disciplinaire donné. Prenons l'exemple du portefeuille d'écriture :

Ce document, composé des productions de l'élève, matérialise les processus d'apprentissage d'un genre écrit et constitue une trace des cheminements de l'élève. Dans ce projet, l'enseignant et les élèves s'engagent à constituer un portefeuille d'écriture en décidant de faire figurer les écrits intermédiaires, les premiers jets de l'élève scripteur, mais aussi des feuilles méthodologiques sur les accords, les connecteurs, les figures de discours... et encore des textes collectés et intégrés pour mémoire, des extraits de romans, et aussi les écrits inachevés de l'apprenant. La compétence scripturale de l'élève n'est pas exposée mais présentée dans ses phases constitutives et le portefeuille d'écriture retrace ainsi les expériences vécues. C'est donc une approche constructiviste qui est privilégiée marquant les difficultés rencontrées et les appropriations successives. Dans cette démarche, il ne saurait être question de mettre seulement en évidence le résultat d'un apprentissage mais plutôt d'insister sur les phases intermédiaires qui l'ont précédé. En évitant l'effet vitrine, l'enseignant décide de donner de la valeur aux différentes actions effectuées par l'élève, qui l'ont conduit à rédiger un texte et à s'approprier une compétence scripturale précise. Ainsi, les processus d'apprentissage et d'évaluation courent tout au long du dossier en respectant la temporalité de l'écriture. **Le portefeuille d'écriture est un éloge du quotidien, explicitant les processus constitutifs de la compétence en jeu et matérialisant l'investissement de l'élève.** Chemin faisant, les capacités autoévaluatives de l'élève se développent, au fur et à mesure qu'il est en charge de son activité et qu'il est incité à s'autoévaluer.

3

L'ENTRETIEN D'ÉVALUATION

L'entretien d'évaluation en classe est un moment privilégié entre l'élève (ou groupe d'élèves) et l'enseignant. Le réflexion sur une tâche en cours de réalisation permet de revenir sur des critères et de les mettre en jeu par rapport à la tâche de l'élève. De même, une production peut être analysée du point de vue des actions menées par l'élève. L'entretien d'évaluation suppose que l'enseignant adopte une posture de conseiller, qu'il accepte de ne pas exposer son savoir, sa maîtrise, qu'il évite de recourir à la démonstration, et presque candide, qu'il cherche à comprendre les intentions et les actions qui ont déterminé la production scolaire. S'il dialogue avec l'élève, il sait que la parole de ce dernier est centrale, faute de quoi, l'exemplarité de la réponse couvrirait toute réflexion sur la tâche.

Les séances de régulation sont des lieux privilégiés pour mener des entretiens d'évaluation et, parce que ces séances ne tournent pas à la correction-type, elles deviennent formatives pour les élèves. À la condition, que l'enseignant ne désigne pas automatiquement l'erreur, qu'il invite l'apprenant à une analyse en fonction des critères énoncés, en fonction des repères installés en classe. Au cours de l'échange, l'enseignant est amené à abandonner l'idée que l'élève lui adresse une parole claire, qui distinguerait d'emblée ce qui va, de ce qui ne va pas, et, à prendre de la distance avec l'idée d'une parole rationnelle et objective. Un élève ne communique pas spontanément sur un mode conceptuel et abstrait, il exprime plutôt ses doutes, ses hésitations, ses idées fixes, son incertitude sur un mode émotionnel, voire expressif !

Comment se repérer alors dans la parole de l'élève ?

- Donne-t-il un statut particulier à une idée ? Repère-t-il un élément qui lui pose problème ?
- Est-ce une parole générique qui s'exprime dans l'expression « je sais pas « ou une demande d'aide voilée ?
- L'élève est-il dans l'affirmation ou porté par le questionnement ?
- La question posée est-elle un simple prétexte pour combler le silence ou est-elle reliée à un élément constitutif d'une compétence ?

Le plus souvent, la parole de l'élève est saturée de sens si bien que l'enseignant cherche à faire expliciter les propos au cours de l'entretien d'évaluation.

L'entretien d'évaluation peut aussi dépasser le simple cadre de la classe et concerner la rencontre parent- élève -professeur. Sur ce point, Allal (1998) note que la réussite des entretiens est liée aux caractéristiques des acteurs. Lorsque les familles appartiennent à des niveaux socioéconomiques favorisés ou moyens, les entretiens ont plus de chance de se dérouler dans des conditions favorables. En revanche, lorsque la famille est issue d'un niveau socioéconomique plus bas, le risque d'un déroulement négatif apparaît. Une culture de l'évaluation semble indispensable afin que les familles conçoivent ce moment particulier comme formateur pour leur enfant et constructif pour elles. Chaque interlocuteur peut donc retirer de l'entretien d'évaluation des informations précieuses. Ce temps de concertation est potentiellement riche :

- du point de vue de l'enseignant, il réfléchit à la manière d'accompagner un élève ;

- du point de vue des parents, ils envisagent la façon d'orienter leur enfant ;
- du point de vue de l'élève, il apprend à développer une réflexion sur ses propres stratégies (à mobiliser une compétence métacognitive).

L'entretien d'évaluation en tant que moment propice au conseil est une activité majeure de l'enseignant puisqu'il « est en effet de la responsabilité de l'enseignant de guider l'élève et ses parents, de les stimuler dans l'élaboration d'un projet de formation à la fois ambitieux et réaliste « (Weiss, 1996, p. 29). Le geste professionnel qui consiste à « encadrer les appréciations des familles » aurait des conséquences non négligeables lorsque les familles décident de l'orientation de leur enfant.

L'entretien d'évaluation dans le suivi pédagogique suppose donc une exigence éthique qui pousse l'enseignant à garantir l'espace de la rencontre (Jorro, 1999 et 2000 b). En effet, plutôt que de valoriser une démarche d'argumentation dans laquelle l'apprenant risque de se trouver en difficulté, levant comme il le peut les obstacles de la communication autour de sa production, il est question de susciter chez l'élève une réflexion sur son action. Une réflexion qui ne soit pas seulement d'ordre métacognitif — ce qui suppose de la part de l'élève qu'il explicite les procédures utilisées — mais qui l'amène à réfléchir sur ses intentions, sur ses manières de vivre en classe et dans l'école, sur son système d'idées, sur son univers personnel (l'apostrophe évaluative).

L'entretien d'évaluation est un espace de parole accueillant les détours, les cheminements de la pensée. Sur ce point, nous distinguerons une éthique du questionnement d'une éthique de la justification. L'enseignant adoptant une posture de conseiller ou de consultant apparaît donc comme le garant de la situation d'entretien d'évaluation en mobilisant des gestes professionnels d'accueil, d'autorisation, de régulation et d'accompagnement.

- **Les gestes d'accueil**

  Les gestes d'accueil sont perceptibles dès l'instauration d'un climat de confiance, dans l' acceptation de la diversité des élèves, dans la reconnaissance de leurs rapports au savoir.

- **Les gestes d'autorisation**

  Reconnaissables dans les encouragements adressés aux apprenants, les gestes d'autorisation introduisent une aire d'autonomie de pensée et de responsabilité. Pour faire en sorte que l'élève entre dans un processus d'émancipation, l'enseignant-évaluateur reste vigilant aux formes d'autorité qu'il pourrait laisser échapper. Ces gestes apparaissent comme des gestes de sollicitation à la prise d'initiative, à l'autoévaluation, à la co-évaluation.

- **Les gestes de régulation**
  Parce que l'entretien d'évaluation rend possible une communication autour des productions scolaires, des travaux inachevés, il permet une critique constructive sur la base des compétences visées. Il permet également de revenir sur les stratégies utilisées ou encore de discuter autour des critères d'évaluation.
- **Les gestes d'accompagnement**
  Les gestes d'accompagnement relèvent du projet de coopération des protagonistes en présence : l'enseignant, l'élève, et aussi, les parents. Le suivi pédagogique constitue une forme d'accompagnement où l'enseignant marque une certaine disponibilité pour faire le point avec l'apprenant, pour solliciter la pause réflexive de ce dernier, pour communiquer sur sa manière d'appréhender les apprentissages.

CONCLUSION GÉNÉRALE

La réflexion présentée dans ce livre sur les gestes de l'évaluation cherche à mettre en évidence la coexistence du symbolique et de l'opératoire dans les variations de la relation évaluative. **Les gestes évaluatifs reflètent des manières d'accompagner les élèves dans leur expérience scolaire et des façons de recevoir et d'interpréter leurs productions.** Cherchant à se dégager de la figure tutélaire du contrôleur, l'enseignant tente de travailler d'autres postures et, notamment, celles qui relèvent de l'accompagnement et du conseil.

Si, en introduction, nous avons souligné une conception souvent stricte de l'évaluation, nous ne pouvons pas écarter le fait qu'elle reste pour la plupart des acteurs un passage obligé avec son cortège de procédures (préparation des contrôles et séances correctives, pratiques d'annotations, élaboration de livret scolaire, remplissage des bulletins, conseil de cycle, conseil de classe, rencontre avec les parents), si bien qu'elle cristallise des réactions tendues, des ressentiments, des ennuis, des lassitudes. En élargissant la question de la technique évaluative aux gestes de l'évaluation, nous posons l'idée d'une approche interactive dans laquelle sont reconnus les mouvements du praticien et ceux des élèves trop souvent oubliés.

Ressentie comme une prescription institutionnelle, l'évaluation est ancrée dans une visée technique de gestion de la trajectoire scolaire des élèves si bien que l'évaluateur reste enfermé dans un rôle de contrôleur. En revanche, dans une perspective inventive, les enseignants initient des démarches nouvelles d'explicitation ou de négociation des attentes scolaires auprès de leurs élèves. Dans ce cas, les postures de conseiller et de consultant autorisent l'élève à devenir « arpenteur » en prenant l'initiative de questionner son rapport aux savoirs, de concevoir ses investissements dans l'univers scolaire.

Trois caractéristiques inaugurent la conception de l'évaluation en terme de geste professionnel :

1. Le geste traduit l'idée de mouvement, de vivant

   L'évaluation n'est pas une suspension de l'action, vient encore moins arrêter le cours des événements, elle est plutôt une intensification de l'action lorsque l'évaluateur tente d'entamer un dialogue avec l'élève au moment où il annote une production, mais aussi lorsque l'élève prend soin de poser un regard sur son travail en s'aidant des critères de réalisation. D'autres situations pourraient être évoquées pour saisir le coup d'accélérateur que l'évaluation peut provoquer. Elle a mieux à faire qu'à ponctuer l'action à la façon du contrôle, elle s'inscrit dans le vivant en annonçant la régulation de l'action.

2. Le sens des autres où l'importance des gestes

   Parce que le geste émane d'un personne, on peut dire qu'il n'est pas réductible à une technique qui masquerait l'initiateur de la démarche. Tout geste est accompli par un sujet donnant à voir sa relation au monde. Le geste n'est pas seulement une trace ostensible, il est décryptable, interprétable parce que porteur de valeurs, d'idées... Le geste n'existe pas à vide, il présuppose un environnement social où les transactions interpersonnelles sont chargées de symboles. En effet, faire un geste, c'est manifester le sens des autres. L'évaluateur « au cœur froid », érigé en modèle de neutralité, reste une fiction !

3. Les gestes témoignent de valeurs éducatives

   Les gestes concrétisent une intention et prolongent des visions du monde. Ni facticité, ni gesticulation, mais expansion symbolique du geste. (Guérin, 1995) L'évaluateur s'appuie sur un ensemble d'idées et de valeurs éducatives qui structureront ses actions en classe. L'évaluation, en dépit de l'apprêt rationnel et technologique qu'on lui attribue couramment, porte les valeurs, les projets pédagogiques de l'enseignant. La trace que laisse le geste est paradoxale si l'on considère sa caractéristique éphémère, transitoire, pourtant cette trace renvoie à une lecture symbolique.

Des différentes approches de l'évaluation, une articulation a été possible entre les gestes que le praticien inaugure et les imaginaires qui les portent. La cohérence interne de chaque imaginaire génère des logiques d'action, ainsi peut-on relever :

- les gestes de ponctuation-séparation-distinction si caractéristiques de l'imaginaire de la performance ;
- les gestes de planification et de remédiation propres à l'imaginaire de la maîtrise ;
- les gestes d'accompagnement et de conseil qui spécifient l'imaginaire de la construction ;

- les gestes d'écoute, d'accueil et de reconnaissance de « l'autre » qui se développent à partir de l'imaginaire de la compréhension.

Dans ce brassage idéel, symbolique et culturel, les gestes témoignent des valeurs d'une école et d'une société.

Les gestes de l'évaluation constituent des investissements symboliques et, nous rappellent ceux que la paléontologie a étudiés : gestes de préhension, gestes de percussion, constitutifs d'une mémoire de l'invention, du jeu, de l'imaginaire et de la technique. Des premiers gestes de l'humanité à ceux qui s'expriment dans le lieu de la classe reste cette caractéristique de l'entre-deux, entre faire et signifier.

GLOSSAIRE

Apostrophe évaluative : processus d'autoévaluation qui mobilise l'élève sur son projet personnel. En questionnant le sens qu'il attribue à la situation d'apprentissage, il réfléchit sur son implication ou sur les motifs de son désistement.

Arpenteur : l'élève devient arpenteur lorsqu'il est en situation de recherche de sens et qu'il gagne une attitude investigatrice.

Conseiller : posture de l'enseignant-évaluateur lorsqu'il mène un entretien d'évaluation et qu'il invite l'élève à analyser son activité, à verbaliser les critères de la tâche prescrite. Sans donner la réponse, il oriente l'élève.

Consultant : posture de l'enseignant-évaluateur lorsqu'il encourage l'élève à penser par lui-même, à s'inscrire dans un processus d'autoévaluation.

Contractualisation : intervention de l'enseignant qui communique les règles (ou les critères de réalisation) à suivre pour effectuer la tâche prescrite.

Contrôle : opération de vérification de l'acquisition d'un savoir, de sa conformité par rapport à la norme.

Contrôleur : posture de l'enseignant-évaluateur lorsqu'il vérifie l'acquisition d'un savoir ou la maîtrise d'une compétence.

Critère : élément de référence pour conduire et / ou évaluer une action.

Critère d'expression : permet de mettre en évidence la parole de l'élève (le « je »), de valoriser sa réflexion (questions, propositions, anecdotes, doutes, curiosités…).

Critère de pertinence : permet de relier la réflexion de l'apprenant et le contexte en jeu. Avec ce critère, l'élève peut envisager de généraliser ou de transposer sa réflexion.

Critère de réalisation : explicite le déroulement de l'action et permet de répondre à la question : « que faut-il que je fasse pour effectuer la tâche ? ».

Critère de réussite : concerne le produit fini. Ce critère est utilisé pour répondre à la question « à quoi je vois que mon produit est réussi ? ».

Docimologie : fondée par Piéron en 1923, la docimologie est l'étude scientifique des conditions d'examen, des pratiques de notation...

Écriture évaluative : concerne les appréciations scolaires et les annotations. Elle peut favoriser le dialogue avec l'élève ou rester laconique. Elle peut être encourageante ou dépréciative.

Erreur : l'erreur marque un écart à la norme.

Erreur créatrice : l'erreur est une invention produite par l'élève pour répondre à une situation inconnue.

Erreur formative : l'erreur est formative lorsque l'élève comprend le cheminement « naïf » de sa pensée. Alors il peut revenir sur le raisonnement initial et modifier sa démarche.

Erreur symptôme : l'erreur révèle un manque, une lacune. Elle permet à l'évaluateur de procéder à un diagnostic.

Évaluateur : l'évaluateur est le centre de transactions complexes. Parce qu'il procède à des arrangements évaluatifs, il lui faut assumer la part de subjectivité qui traverse ses gestes évaluatifs.

Évaluation : processus interprétatif portant sur une réalité. L'évaluation met en évidence un questionnement. Contrairement au jugement de valeur, elle ne pose pas le sens, elle permet de dégager des lignes de force.

Évaluation diagnostique : consiste en une prise d'informations sur le degré de maîtrise des savoirs acquis par l'élève. Permet d'identifier les lacunes et les manques de ce dernier.

Évaluation formative : permet un dialogue continu entre l'élève et les repères explicités, entre son action et ce qui est attendu. L'élève élabore une représentation de la tâche en travaillant avec les critères de réalisation.

Évaluation-remédiation : met en évidence un écart entre le résultat attendu et la production effective de l'élève. À partir du diagnostic de l'enseignant, la remédiation vise la réduction de l'écart à la norme. L'élève est réorienté dans son parcours d'apprentissage.

Évaluation sommative : est une pratique de contrôle qui s'appuie sur la mesure.

Geste évaluatif : est un acte d'évaluation qui exprime une intention éducative. Dans le langage courant « faire un geste » signifie porter attention à... Les gestes évaluatifs témoignent des valeurs éducatives qui animent l'évaluateur. Nous avons distingué les gestes d'autorité (pratique de contrôle), les gestes d'encouragement (pratique de remédiation), les gestes de conseil (pratique d'évaluation formative), les gestes de compréhension (pratique de questionnement).

Imaginaire : se présente comme un univers de références (valeurs, idées, théories, idéologies que le praticien privilégie dans son action). Ces références variées partagent un lien de cohérence, témoignent de finalités éducatives. Chaque imaginaire génère une logique d'intervention spécifique de la part de l'enseignant-évaluateur. Quatre imaginaires sont distingués. L'imaginaire de la performance met en évidence l'excellence scolaire, l'imaginaire de la maîtrise valorise les démarches de perfectionnement, l'imaginaire de la construction vise les conditions d'élaboration des savoirs ou des compétences, l'imaginaire de la compréhension, avec l'apostrophe évaluative, incite l'élève à questionner le sens de son expérience scolaire.

(Processus) Métacognitif : suppose une démarche de confrontation entre la norme de la discipline de référence (ou la stratégie prévue) et la production de l'élève (ou l'activité effective de ce dernier). À partir des opérations de comparaison, l'élève exerce son esprit critique.

Négociation : la négociation des critères suppose en amont, une recherche collective sur l'identification des éléments constitutifs de la tâche. L'élaboration de la grille d'évaluation (du référentiel d'évaluation) dépend d'une réflexion et d'une prise de décision conjointes.

Norme : valeur standard qui s'impose à tout individu. En classe, l'enseignant-évaluateur cherche à mettre en évidence un rapport de conformité. La norme est la clé de voûte des procédures de contrôle.

Pisteur-talonneur : posture de l'enseignant-évaluateur lorsqu'il envisage la remédiation de l'élève et propose des exercices de perfectionnement.

Posture : intention que le praticien mobilise dans son action. Dans les activités évaluatives, plusieurs postures sont identifiées. Par exemple, celle du contrôleur lorsque le praticien projette de vérifier l'acquisition des savoirs, celle du conseiller lorsqu'il souhaite accompagner l'élève dans l'analyse de la tâche, celle du consultant lorsqu'il questionne l'apprenant et le mobilise dans un processus autoévaluatif.

Questionnement : processus de recherche de sens. L'élève puise dans son for intérieur pour comprendre ce qui se joue dans la situation. Le questionnement consiste à interroger ses connaissances, à repérer son ignorance, à concevoir le projet d'apprendre. Le questionnement est une attitude qui permet l'apostrophe évaluative.

Régularisation : opération d'ajustement à la norme. Les activités de rattrapage, de perfectionnement visent la régularisation.

Régulation : opération de modification d'une action, différente de la régularisation. Il ne s'agit pas pour l'élève de viser la conformité mais d'envisager une démarche qui constitue pour lui une amélioration, un progrès.

Régulation interactive : les modifications apportées par l'élève s'effectuent pendant le déroulement de son activité. Parce qu'il s'aide d'une grille d'évaluation (feuille de route) il peut réguler chemin faisant.

Régulation proactive : l'élève agit par anticipation et modifie son action.

Régulation rétroactive : les modifications interviennent après la réalisation de la tâche.

Remédiation : activité proposée par l'enseignant pour permettre le perfectionnement d'une compétence où la maîtrise d'un savoir.

Style évaluatif : manière d'être et d'agir du praticien. Il peut pencher soit vers le style de la normalisation, soit vers le style de l'altération. Les gestes de vérification et de régularisation s'inscrivent dans le style de la normalisation. Les gestes de questionnement et d'accompagnement illustrent le style de l'altération.

BIBLIOGRAPHIE

Abernot, Y., (1988), *Les méthodes d'évaluation scolaire,* Paris, Bordas.

Abrecht, R., (1991), *L'évaluation formative. Une analyse critique,* Bruxelles, De Boeck Université.

Allal, L., (1999), « Impliquer l'apprenant dans le processus d'évaluation : promesses et pièges de l'autoévaluation », dans C., Depover, et B., Noël, *L'évaluation des compétences et des processus cognitifs,* Paris, De Boeck Université.

Allal, L., Wegmuller, E., Bonaiti -Dugerdil, S., et Cochet Kaeser, F., (1998), « Le portfolio dans la dynamique de l'entretien tripartite », *Mesure et Évaluation en éducation.*, Vol. 20, n° 3 : pp. 5-31.

Allal, L., Bain, D., et Perrenoud, P., (1993), *Évaluation formative et didactique du français,* Lausanne, Delachaux et Niestlé.

Allal, L., (1981), « Stratégies d'évaluation formative : conceptions psychopédagogiques et modallités d'application », dans L., Allal, J., Cardinet, P., et Perrenoud, P., *L'évaluation formative dans un enseignement différencié,* Berne, Lang, pp. 130-156.

Amo, G., (1994), *Statut de l'erreur dans la représentation des enseignants : effets sur la notation du travail de l'élève,* Thèse, Université d'Aix-Marseille 1.

Ardoino, J., et Berger, G., (1986), « L'évaluation comme interprétation », *Pour, Paris,* n° 107 : pp. 120-127.

Ardoino, J., (1993), « Approches multiréférentielles des situations éducatives », *Pratiques de formation-analyse,* Paris, n° 25-26 : pp. 15-34.

Astolfi, J-P., (1997), *L'erreur, un outil pour enseigner,* Paris, ESF.

Astolfi, J-P., et Develay, M., (1991), *La didactique des Sciences.*, Paris, PUF, Que Sais-je ?.

Augé, M., (1994), *Le sens des autres,* Paris, Fayard.

Bachelard, G., (1971), *La formation de l'esprit scientifique,* Paris, Vrin.

Bain, D., (1988), « L'évaluation formative fait fausse route », *Evaluer l'évaluation,* INRAP, pp. 167-172.

Baluteau, F., (1993), *Le conseil de classe : « peut mieux faire ! »*, Paris, Hachette éducation.

Barbier, J-M., (1985), *L'évaluation en formation.*, Paris, PUF.

Barlow, M., (1999), Le métier d'enseignant. Essai de définition, Paris, Anthropos.

Bastien, C., (1987), *Schèmes et stratégies dans l'activité cognitive de l'enfant.*, Paris, PUF.

Bélair, L., (1999), *L'évaluation dans l'école. Nouvelles pratiques,* Paris, ESF.

Bélair, L., (1995), *Profil d'évaluation.*, Montréal, les éditions de la Chenelière.

Birzea, C., (1979), *Rendre opérationnels les objectifs pédagogiques,* Paris, PUF.

Bonboir, A., (1972), *La méthode des tests en pédagogie,* Paris, PUF.

Bonniol, J-J., (1981), *Déterminants et mécanismes des comportements d'évaluation d'épreuves scolaires,* Doctorat d'état. Unversité de Bordeaux II.

Bonniol, J-J., (1986), « À la recherche de la qualité : fonctionnement par objectif et évaluation », *Le journal de l'infirmière en neurochirurgie,* n° 51-52 : pp. 1101-1109.

Bonniol, J-J., (1988), « Entre les deux logiques de l'évaluation, rupture ou continuité ». *Bulletin de l'ADMEE,* n° 3 : pp. 1-6.

Bonniol, J-J., et Genthon, M., (1989), « L'évaluation et ses critères : les critères de réalisaton », *Repères,* Paris, n° 79 : pp. 65-78.

Bonniol, J-J., et Vial, M., (1997), *Les modèles de l'évaluation,* Paris, De Boeck Université.

Boumard, P., (1997), *Le conseil de classe. Institution et citoyenneté,* Paris, PUF.

Bourdieu, P., (1979), *La distinction. Critique sociale du jugement.*, Paris, Minuit.

Bourdoncle, R., (1993), « La professionnalisation des enseignants : les limites d'un mythe », *Revue Française de Pédagogie,* Paris, n° 105 : pp. 83-119.

Bruner, J., (1996), *L'éducation, entrée dans la culture,* Paris, Retz.

Cardinet, J., (1989), « Evaluer sans juger ». *Revue Française de Pédagogie,* Paris, n° 88 : pp. 41-52.

Cardinet, J., (1988), *Pour apprécier le travail des élèves,* Bruxelles, De Boeck Université.

Cardinet, J., (1988), « La maîtrise, communication réussie », dans M., Hubermann, *La réussite des apprentissages scolaires,* Paris, Delachaux et Niestlé, pp. 155-197.

Cardinet, J., (1992), « *L'objectivité de l'évaluation* », Formations et technologies, pp. 17-25.

Castoriadis, C., (1975), *L'institution imaginaire de la société,* Paris, Seuil.

Castoriadis, C., (1997), *Fait et à faire. Les carrefours du labyrinthe V,* Paris, Seuil.

Charlot, B., Bautier, E., et Rochex, J-Y., (1992), *École et savoir dans les banlieues… et ailleurs.*, Paris, Armand Colin.

Chervel, A., (1988), « L'histoire des disciplines scolaires », *Histoire de l'éducation, Paris,* n° 38 : pp. 59-119.

De Certeau, M., (1980), *L'invention du quotidien. 1. Arts de faire,* Paris, Gallimard.

De Ketele, J-M., (1986), *L'évaluation : approche descriptive ou prescriptive ?,* Bruxelles, De Boeck Université.

De Ketele, J-M., (1993), « L'évaluation conjuguée en paradigmes », *Revue Française de Pédagogie,* Paris, n° 103 : pp. 59-80.

Delamotte-Legrand, R., (1995), « Reprises, impositions, résistances et autres inventions : enfants de 4 ans et adultes face au récit », *Cahiers d'acquisition et de pathologie du langage*, Paris, n° 13.

De Landscheere, V., et De Landsheere, G., (1989), *Définir les objectifs de l'éducation*, Paris, PUF.

De Landsheere, V., (1988), *Faire réussir, faire échouer*, Paris, PUF.

Deleuze, G., et Guattari, F., (1980), *Mille plateaux*, Paris, Minuit.

Deleuze, G., et Parnet, C., (1996), *Dialogues*, Paris, Flammarion.

Delorme, C., (1988), *L'évaluation en question*, Paris, ESF.

Depover, C., et Noël, B., (1999), *L'évaluation des compétences et des processus cognitifs.*, Paris, De Boeck Université.

Develay, M., (1996), *Donner du sens à l'école*, Paris, ESF.

D'Hainaut, L., (1985), *Des fins aux objectifs*, Bruxelles, Labor.

Fabre, M., (1995), *Bachelard éducateur*, Paris, PUF.

Forgette-Giroux, R., et Simon, M., (1994), « Vers une utilisation rationnelle du dossier d'apprentissage », *Mesure et évaluation en éducation*, Montréal, vol.16, n° 3-4 : pp. 27-40.

Foucault, M., (1975), *Surveiller et punir*, Paris, Gallimard.

Foucault, M., (1984), *Le souci de soi. Histoire de la sexualité, T.3*, Paris, Gallimard.

Galpérine, P.L., (1980), « Essai sur la formation par étapes des actions et des concepts », dans N.F., Talyzina, *De l'enseignement programmé à la programmation de la connaissance, Lille, P.U. de Lille*, pp. 167-183.

Gélinas, A., (1984), « Évaluation et multirationalités », dans, C., Paquette, *Des pratiques évaluatives.*, Québec, Éditions NHP, pp. 129-157.

Genthon, M., (1993), *Apprentissage-Évaluation-Recherche. Genèse des interactions complexes comme ouvertures régulatrices.* Habilitation à diriger des recherches. Université d'Aix-Marseille 1.

Gillet, P., (1988), « L'évaluation saisie d'imaginaire », dans C., Delorme, *L'évaluation en question.*, Paris, ESF, pp. 18-192.

Goffman, E., (1979), *Les cadres de l'expérience*, Paris, Minuit.

Grangeat, M., (1997), *La métacognition, une aide au travail des élèves*, Paris,ESF.

Guérin, M., (1995), *Philosophie du geste*, Paris, Actes Sud.

Hadji, C., (1997), *L'évaluation démystifiée*, Paris, ESF.

Hadji, C., (1989), *L'évaluation, règles du jeu. Des intentions aux outils*, Paris, ESF.

Halté, J-F., (1984), « L'annotation des copies, variété ou base du dialogue pédagogique », *Pratiques*, Metz, n° 44 : pp. 61-69.

Hameline, D., (1990), *Les objectifs pédagogiques en formation initiale et en formation continue*, Paris, ESF.

Harvois,Y., (1986), « Le contrôle, cet obscur objet du désir », *Pour*, Paris, n° 107 : pp. 116-119.

Heidegger, M., (1967), *Lettre sur l'humanisme*, Paris, Aubier.

Heidegger, M., (1985), *Etre et temps*, Paris, Economica.

Hopkins, J., (1970), *L'arpenteur*, Paris, Gallimard.

Houssaye, J., (1997), « Les pédagogues et l'évaluation », *Revue Éducations,* Lille, n° 12 : pp. 58-59.

Houssaye, J., (1996), *Autorité ou éducation ?,* Paris, ESF.

Hubermann, M., (1988), *La réussite des apprentissages scolaires,* Paris, Delachaux et Niestlé.

Imbert, F., (1994), Médiations, institutions et loi dans la classe, Paris, ESF.

Imbert, F., (1985), *Pour une praxis pédagogique,* Paris, Matrice.

Jorro, A., (2000, a) « L'évaluation comme ouverture du sens » dans G., Figari, *L'activité évaluative réinterrogée,* Paris, De Boeck Université (à paraître).

Jorro, A., (2000, b) « L'éthique de l'évaluateur »,*Cahiers pédagogiques,* Paris, (à paraître).

Jorro, A., (1999), « Évaluation » dans J., Houssaye, *Questions pédagogiques.,* Paris, Hachette éducation, pp. 235-247.

Jorro, A., (1999, b) « Deux processus intriqués dans l'apprentissage : l'autoévaluation et le transfert », *Revue Éducations,* Lille, n° 17 : pp. 12/17.

Jorro, A., (1999, c), « L'entretien d'évaluation dans le suivi pédagogique : un espace de négociations », *« Ethique et qualité dans l'évaluation »,* Actes du colloque international de Reims.

Jorro, A., (1998, a), « L'inscription des gestes professionnels dans l'action », *Revue En Question.,* Aix en Provence, pp. 125/138.

Jorro, A., (1998, b), « Le sujet et ses postures professionnelles : l'évaluation des liens », *Revue Pédagogie.,* Louvain la Neuve, n° 12 : pp. 7-12.

Jorro, A., (1997), « L'élève et l'apostrophe évaluative », *Revue Éducations,* Lille, n° 12 : pp. 25-32.

Jorro, A., (1996, a), « Pour un culture plurielle de l'évaluation : entre usages et archétypes », *Mesure et évaluation en éducation.,* Montréal, vol. 19, n° 2 : pp. 5-21.

Jorro, A., (1996, b), « Quelles évaluations ? quels critères ? quels enjeux ? », dans D., Bain, *Fonctionnement de l'évaluation dans la formation, évaluation du fonctionnement de la formation,* CRPP, Genève, pp. 331-335.

Jorro, A., (1994), *Construire du sens en lecture ? opérations dans l'apprentissage d'une stratégie de compréhension de texte par des élèves du cycle 3 de l'école primaire.* Thèse, Aix-Marseille 1.

Juffé, M., (1986), « Le bon évaluateur est celui qu'on perd », *Pour,* Paris, n° 107 : pp. 112-115.

Lacarrière, J., (1994), *Au cœur des mythologies,* Paris, Éditions du Félin.

Landelle, J-J., (1988), « L'évaluation, une pratique scientifique ? », dans C., Delorme, *L'évaluation en question,* Paris, ESF, pp. 57-66.

Livret scolaire, (1994), Académie d'Aix-Marseille, Imprimerie Nationale.

Mager, R.F., (1977), *Comment définir des objectifs pédagogiques,* Paris, Bordas.

Marchand, F., (1979), *Évaluation des élèves et conseil de classe,* Paris, Epi.

Mérieu, P., (1988), *Apprendre… oui, mais comment,* Paris, ESF.

Meirieu, P., (1996), *Frankenstein pédagogue,* Paris, ESF.

Merle, P., (1996), *L'évaluation des élèves. Enquête sur le jugement professoral.,* Paris, PUF.

Meyer, M., (1986), *De la problématologie*, Paris, Mardaga.

Mialaret, G., (1967), *Statistique à l'usage des éducateurs.*, Paris, PUF.

Ministère de l'Éducation Nationale, (1994), *Évaluation à l'entrée en 6 ème. Présentation.* Paris, D.E.P.

Morin, E., (1986), *La méthode 3. La connaissance de la connaissance*, Paris, Seuil.

Noël, B., (1991), *La métacognition*, Paris, De Boeck Université.

Noizet, G., et Caverni, J-P., (1978), *Psychologie de l'évaluation scolaire*, Paris, PUF.

Nunziati, G., (1990), « Pour construire un dispositif d'évaluation formatrice ». *Cahiers Pédagogiques*, Paris, n° 280 : pp. 47-60.

Paquay, L., (1994, a), « Vers un référentiel de compétences professionnelles de l'enseignant ?*Recherche et formation, Paris, INRP*,n° 15 : pp. 7-37.

Paquay,L., (1994, b), « Prescrire l'autoévaluation ? Oui, mais... ! », *Bulletin de l'ADMEE — Europe*, 94-2 : pp. 2-5.

Paquette, C., (1984), *Des pratiques évaluatives*, Montréal, Éditions NHP.

Parisot, J.C., (1988), « Le paradigme docimologique, un frein aux recherches sur l'évaluation pédagogique ? », dans C., Delorme, *L'évaluation en question, Paris, ESF*, pp. 37-56.

Paul, J-J., (1996), *Le redoublement : pour ou contre ?*, Paris, ESF.

Perrenoud, P., (1998), *L'évaluation des élèves*, De Boeck Université.

Perrenoud, P., (1997), *Construire des compétences à l'école*, Paris, ESF.

Perrenoud, P., (1988), « La pédagogie de maîtrise : une utopie rationaliste ? » dans M., Hubermann, *La réussite des apprentissages scolaires*, Paris, Delachaux et Niestlé, pp. 198-233.

Perrenoud, P., (1984), *La fabrication de l'excellence scolaire*, Genève, Droz.

Piaget, J., (1974), *Réussir et comprendre*, Paris, PUF.

Pieron, H., (1963), *Examens et docimologie*, Paris, PUF.

Porcher, L., (1987), « Note sur l'évaluation », *Langue Française, Paris*, n° 36 : pp. 110-115.

Ranjard, P., (1984), *Les enseignants persécutés*, Paris, Robert Jauze.

Rey, B., (1996), *Les compétences transversales en question.*, Paris, ESF.

Reza, Y., (1991), *Art*, Paris, Acte Sud.

Reuter, Y., (1984), « Pour une pratique de l'erreur », *Pratiques*, Metz, n° 44 : pp. 117-126.

Ricœur, P., (1995), *Le juste*, Paris, Esprit.

Ropé, F., et Tanguy, L., (1994), *Savoirs et compétences*, Paris, L'Harmattan.

Scallon, G., (1988), *L'évaluation formative des apprentissages. La réflexion*, Québec, Presses de l'Université Laval.

Schön, D., (1994), *Le praticien réflexif*, Québec, Éditions logiques.

Schön, D., (1996), « À la recherche d'une nouvelle épistémologie de la pratique et de ce qu'elle implique pour l'éducation des adultes », dans J-M., Barbier, *Savoirs théoriques, savoirs d'action.*, Paris, PUF.

Sirota, R., (1988), *L'école primaire au quotidien.*, Paris, P.U.F.

Smith, F., (1979), *La compréhension et l'apprentissage*, Montréal, édition HRW.

Stufflebeam, D., (1980), *L'évaluation en éducation et la prise de décision.*, édition NHP.

Thélot, C., (1994), *L'évaluation du système éducatif*, Paris, Nathan.

Tochon, V., (1993), L'enseignant expert, Paris, Nathan.

Veslin, O., et Veslin, J., (1992), *Corriger des copies, évaluer pour former*; Paris, Hachette éducation.

Vial, M., (1987), « Statut de la carte d'étude dans un dispositif d'évaluation-régulation », *Pratiques.*, Metz, n° 53 : pp. 59-73.

Vial, M., (1991), *Instrumenter l'auto-évaluation, contribution à la pensée complexe des faits d'éducation.* Thèse. Aix-Marseille 1.

Weiss, J., (1996), « Évaluer plutôt que noter », *Revue internationale d'éducation*, Paris, C.I.E.P., n° 11 : pp. 23-34.

Weiss, J., (1991), *L'évaluation : un problème de communication.* Delval.

Vygotsky, L.S., (1985), *Pensée et langage*, Paris, Messidor.

Zerbato-Poudou, M.T., (1994), *De la trace au sens : rôle de la médiation sociale dans l'apprentissage de l'écriture chez de jeunes enfants de maternelle.* Thèse. Aix- Marseille.1.

LISTE DES FICHES DE SYNTHÈSE

INDEX

TABLE DES MATIÈRES

PRATIQUES PÉDAGOGIQUES

Robert Anciaux, Pierre Boulangier, *Ali, Mehmed et les autres voudraient réussir*

Jean-Pierre Astolfi (éd.), *Mots clés de la didactique des sciences. Repères, définitions, bibliographie*

Jean-Pierre Astolfi (éd.), *Pratiques de formation en didactique des sciences*

Emmanuèle Auriac-Peyronnet (sous la direction de), *Je parle, tu parles, nous apprenons. Coopération et argumentation au service des apprentissages*

Jacques Bair, Gentiane Haesbroeck, Jean-Jacques Haesbroeck, *Formation mathématique par la résolution de problèmes*

Christine Barré-De Miniac (éd.), *Vers une didactique de l'écriture. Pour une approche pluridisciplinaire*

Christine Barré-De Miniac, Bernard Lété (éds), *L'illettrisme. De la prévention chez l'enfant à la prise en charge chez l'adulte*

Georges Bastin, Antoine Roosen, *L'école malade de l'échec.* (Épuisé)

Alain Baudrit, *Le tutorat. Richesses d'une méthode pédagogique*

Christiane Blondin, Michel Candelier, Peter Edelenbos, Richard Johnstone, Angelika Kubanek-German, Traute Taeschner, *Les langues étrangères dès l'école maternelle ou primaire. Conditions et résultats*

Jacques Boisvert, *La formation de la pensée critique. Théorie et pratique*

Alain Braun, Germaine Forges, Pascale Wlomainck, *Écrire en français au primaire. Quelles performances pour les enfants issus de l'immigration-?*

Alain Braun, Germaine Forges, *Enseigner et apprendre la langue de l'école. Vers une culture de la réussite pour tous*

Michel Candelier, *L'éveil aux langues à l'école primaire. Evlang : bilan d'une innovation européenne*

Jean Cardinet, *Pour apprécier le travail des élèves. (*Épuisé)

Ghislain Carlier, Jean-Pierre Renard, Léopold Paquay (éds), *La formation continue des enseignants. Enjeux, innovation et réflexivité*

C.M. Charles, *La discipline en classe. Modèles, doctrines et conduites.* 2e édition

Bernadette Charlier, *Apprendre et changer sa pratique d'enseignement. Expériences d'enseignants*

Évelyne Charlier, Bernadette Charlier, *La formation au cœur de la pratique. Analyse d'une formation continuée d'enseignants*

Chiara Curonici, Patricia McCulloch, *Psychologues et enseignants. Regards systémiques sur les difficultés scolaires*

Jean-Marc Defays, Marielle Maréchal, Solange Mélon (éds), *La maîtrise du français. Du niveau secondaire au niveau supérieur*

Nicole de Grandmont, *Pédagogie du jeu. Jouer pour apprendre*

Pierre-André Doudin, Miriam Erkohen-Markus (éds), *Violences à l'école. Fatalité ou défi?*

Pol Dupont, *Faire des enseignants*

Susan Fountain, *Éducation pour le développement. Un outil pour un apprentissage global.* Traduit de l'anglais par François-Marie Gerard

Bernard Gaillard, *Suivi et accompagnement psychologiques en milieu scolaire. Approches cliniques*

Hélène Gauthier, *Faire du théâtre dès cinq ans*

Jocelyne Giasson, *La compréhension en lecture*

Philippe Jonnaert, *De l'intention au projet*

Anne Jorro, *L'enseignant et l'évaluation. Des gestes évaluatifs en question*

Louise Lafortune, Lise Saint-Pierre, *Affectivité et métacognition dans la classe. Des idées et des applications concrètes pour l'enseignant*

Marie-Claire Landry, *La créativité des enfants. Malgré ou grâce à l'éducation*

Daniel Morissette, *Guide pratique de l'évaluation sommative. Gestion des épreuves et des examens*

Hélène Poissant, *L'alphabétisation. Métacognitions et interventions*

Marie-Christine Pollet, *Pour une didactique des discours universitaires. Étudiants et système de communication à l'université*

Xavier Roegiers, *Les mathématiques à l'école élémentaire. Tome 1-: Cadre de référence et contenus mathématiques*

Xavier Roegiers, *Les mathématiques à l'école élémentaire. Tome 2-: Contenus mathématiques*

Jean-Pierre Ryngaert, *Le jeu dramatique en milieu scolaire*

Gérard Scallon, *L'évaluation formative*

Claude Simard, *Éléments de didactique du français langue première*

Christiane Strauven, *Construire une formation. Définition des objectifs pédagogiques et exercices d'application*

Alain Thiry, Yves Lellouche, *Apprendre à apprendre avec la PNL. Les stratégies PNL d'apprentissage à l'usage des enseignants du primaire*

Pierre Vianin, *La motivation scolaire. Comment susciter le désir d'apprendre ?*

Rolland Viau, *La motivation en contexte scolaire*

Philippe Vienne, *Comprendre les violences à l'école*

Laurence Viennot, *Enseigner la physique*

Laurence Viennot, *Raisonner en physique. La part du sens commun*

Luc Villepontoux, *Aider les enfants en difficulté à l'école. L'apprentissage du lire-écrire*

Danielle Zay, *Enseignants et partenaires de l'école. Démarches et instruments pour travailler ensemble*